I0616343

EL MÉTODO CÁLLATE LA BOCA

Silencia tu camino hacia la vida de tus sueños

Jorge Pérez

Primera Edición

Asesor: Happy Ali

Fotografía de contraportada: Rowan Daly

Ilustración por Abhinav Verma

Edición por Lisa Duncan

Asesor: JR Invina

ISBN: 979-8-218-63261-8

ELOGIOS PARA
EL MÉTODO CÁLLATE LA BOCA

«EL ÚNICO LIBRO QUE NECESITAS»

- Una lectura súper fácil. *El Método Cállate la Boca* es la clave para la paz y la felicidad absolutas. Este libro transformará tu vida de inmediato al ayudarte a evolucionar y dejar ir. ¡Nunca había leído un libro de principio a fin y no pude dejar este libro hasta que lo terminé!

Alexandra Mattiaci, Ejecutiva de Publicidad

«¡ESTE LIBRO ES INCREÍBLE!»

- Es divertido y lleno de sabiduría. La escritura fácil y atractiva hace que sea un placer leerlo. Ya he comenzado a usar sus métodos para mejorar mi vida, y los resultados han sido sustanciales.

-Selina Ringel, Actriz

«ESPIRITUALIDAD PARA LAS MASAS»

- *El Método Cállate La Boca* es una guía de sentido común para encontrar un terreno medio entre nuestra vida diaria y el deseo de conectarnos más espiritualmente. En su libro, Jorge proporciona maneras concretas de liberarnos de nuestros pensamientos negativos.

-Monica Espino, Abogada

«JUSTO EL RECORDATORIO QUE NECESITABA»

- Como alguien que siente que ya ha leído todos los libros que necesita, me impresionó la cantidad de veces que marqué una página para volver a leerla. *El Método Cállate La Boca* es una lectura obligada para toda persona en cualquier etapa de su desarrollo personal.

-Happy Ali, Autor

«NOTAS RESUMIDAS PARA UNA VIDA MEJOR»

- Las historias divertidas y personales de Jorge resuenan con muchos de nosotros, tanto novatos como expertos espirituales. También recomendaría el Método Cállate la Boca como un truco de vida para adolescentes, para ayudarles a traer el poder de la conciencia a nuestros pensamientos, palabras y acciones. No lo dudes, compra *El Método Cállate la Boca*.

-Annabelle Núñez, Doctora

«¡TRANSFORMADOR!!! ¡UNA LECTURA OBLIGADA!!!»

- ¡Wow! ¡Este libro me dejó sin palabras! El estilo de escritura del autor es atractivo y accesible, y hace que conceptos complejos sean fáciles de entender y aplicar.

-David Sanders, Diseñador de Interiores

«¡UNA LECTURA OBLIGADA!»

- Tuve el placer de conocer al autor, Jorge, en un evento del Dr. Joe Dispenza (él hace referencia al Dr. Joe en su libro) y cuando escuché que había escrito un libro, supe que debía comprarlo. No me decepcionó. De hecho, tuve muchos momentos de «¡Ajá!» y momentos que realmente tocaron mi corazón. Tanto que también compré la versión en audiolibro para poder escuchar al autor «hablarme» (el audiolibro está narrado por el autor y MUY bien hecho).

-Jennifer Burgand, Bailarina

«¡UNA LECTURA MUY ACCESIBLE CON UNA GRAN PERCEPCIÓN!»

- Suelo evitar este tipo de libros porque tienden a ser difíciles de absorber y entender, pero la forma en que Jorge desglosó el contenido fue tan accesible y, además, ¡divertida! El mensaje que transmite es uno que todos necesitamos escuchar, y sentí que dio una visión muy clara sobre formas fáciles de vivir de manera más positiva y compasiva. Devoré este libro en dos días, y no solo me encantó el mensaje, sino que también disfruté mucho de la lectura en sí. ¡Bravo, Jorge!

-Michelle Faucheaux, Productora

DEDICATORIA

A mis padres, Yolanda Angélica Zumaeta y Jorge Osvaldo Pérez. Los amo con todo mi corazón. Tu amor y generosidad me hicieron quien soy hoy. Guárdenme una buena silla allá arriba; les tengo las mejores historias.

LA CASA DE HUÉSPEDES

Esto de ser un ser humano es como administrar una casa de huéspedes.

Cada día una nueva visita, una alegría, una tristeza, una decepción, una maldad, alguna felicidad momentánea que llega como un visitante inesperado.

Dales la bienvenida y acógelos a todos ellos, incluso si son un grupo penoso que desvalija completamente tu casa. Trata a cada huésped honorablemente pues podría estar haciendo espacio para una nueva delicia. El pensamiento oscuro, lo vergonzante, lo malvado, recíbelos en tu puerta sonriendo e invítalos a entrar. Agradece a todos los que vengan pues se puede decir de ellos que han sido enviados como guias del mas allá.

–Rumi, traducido por Coleman Barks

PRÓLOGO

Nadie puede silenciar sus pensamientos negativos en una profunda soledad. Es necesario compartir con los verdaderos amigos que nos nutren el alma. En el proceso de encontrar nuestra mejor versión, es indispensable aplicar el método "Cállate la Boca", escuchando a nuestros seres queridos, quienes también viven su propio proceso. Ese amor de hermandad nos permite compartir nuestras estrategias con la energía del amor, mostrándonos distintos caminos para elevarnos juntos, tomados de la mano.

Eso eres para mí: el amigo incondicional que comparte su proceso sin temor, empoderando a todos a su alrededor. Mejor me callo y sigo avanzando. Gracias, Jorge, por compartir en este libro tu profundo proceso, en el que todos encontramos esa afinidad que nos hace humanos y hermanos.

No dejemos nunca de buscar nuestra mejor versión. Te quiero, amigo, por siempre y para siempre.

–Alicia Machado. *Empresaria, Actriz y Miss Universo 1996.*

TABLA DE CONTENIDO

INTRODUCCIÓN

CERRAR LA BOCA...
ES LA CLAVE PARA LA FELICIDAD

13 de marzo de 2022, 4:22 am. Mi madre, mi mejor amiga, acababa de morir en mis brazos. Perdió una dura batalla contra el cáncer de mama que hizo metástasis en su cerebro. La enfermera de cuidados paliativos estaba en la habitación de al lado. Ella estaba haciendo llamadas para arreglar la recogida del cuerpo de mi madre. Era tan surrealista. No podía creer que esa fuera mi vida. Mi padre también había muerto de cáncer, tres años antes que ella, de leucemia. Yo fui su donante de células madre, pero el procedimiento no funcionó. Mi padre tenía 67 años y mi madre 70 años. Murieron jóvenes.

Dos semanas después de la muerte de mi madre, llamé a mi hermana Vanessa, quien es mi otra mejor amiga y mi única hermana. Le dije que, si ella alguna vez iba al médico y recibía algún tipo de sospecha de cáncer, iríamos a un retiro con el Dr. Joe Dispenza. Él es un médico que se enfoca en la epigenética, el estudio de cómo nuestro entorno (tanto interno como externo) afecta la salud. Se ha documentado que sus retiros de meditación han ayudado a sanar el cáncer.

Mi prioridad se convirtió en el estudio de la epigenética. Me sumergí profundamente en ello y aprendí que las predisposiciones genéticas son como fuegos artificiales. Puedes tenerlos en tu casa, pero si no los enciendes no van a explotar. ¿Qué activa nuestras predisposiciones genéticas? El estrés y estar en un estado de lucha o huida.

Me obsesioné con la muerte de mis padres e investigué qué pudo haber salido mal. Después de estudiar a fondo, aprendí que mi padre vivía con mucha rabia por el colapso económico de su negocio en Venezuela. Mi madre, por otro lado, vivía con muchos traumas relacionados con su infancia y su divorcio con mi padre. Ambos vivieron inocentemente en un estado de lucha o huida durante gran parte de sus vidas. Como consecuencia, sus pobres cuerpos no pudieron soportarlo más. Sus frágiles sistemas inmunológicos colapsaron y cedieron al cáncer.

Mi pasión se convirtió en asegurarme de que mi hermana y yo no sufriéramos el mismo destino. Me metí de lleno en la meditación e hice que mi hermana también se interesara en ello. Sus beneficios nos han cambiado a ambos. Esa práctica calmó y aligeró nuestra mente y nos hizo físicamente más saludables.

Estudios muestran que las personas actualmente viven el 70 % de sus vidas en estrés, en un estado de lucha o huida, lo cual no es sostenible para el cuerpo humano. Necesitamos cambiar AHORA, antes de que la epidemia de estrés empeore aún más. Después de 25 años en el espacio del desarrollo personal, identifiqué un gran denominador común con respecto a por qué las personas se quedaban estancadas: no podían CERRAR LA BOCA sobre sus problemas.

SI TODAVÍA TE ESTÁS QUEJANDO DE TU JEFE, DE QUE TUS HIJOS SIEMPRE DEJAN UN DESORDEN, O DE CÓMO TU SUEGRA SIEMPRE TE JUZGA... TE ESTÁS QUEDANDO ESTANCADO.

Ahora, no estoy diciendo que no tomes acción cuando hay un problema. Te animo a actuar de inmediato si es necesario. También creo que el duelo por una pérdida de cualquier tipo es necesario para el alma. El proceso de duelo es personal y distinto para cada cual. Y, sin embargo, al mismo tiempo, la correlación entre la calidad de nuestras vidas y lo que hablamos es evidente.

Cuando nos enfocamos en algo por demasiado tiempo, nos quedamos atrapados en un patrón de pensamiento, una montaña rusa emocional. Contarle a todo el mundo sobre un problema no ayudará a tu causa. No necesitamos compartir en exceso para sentirnos comprendidos. Pero hablar con un buen amigo o con un terapeuta profesional sobre tu situación po dría ser el mejor curso de acción.

Debemos tener cuidado con la pendiente resbaladiza de las quejas. Necesitamos comenzar a escuchar con atención lo que nos decimos a nosotros mismos y a los demás, en especial si nadie está escuchando.

¿Has notado cuántas veces dices que algo es difícil? Piénsalo por un momento. ¿En realidad es difícil o es un hábito emocional adictivo que hemos adquirido en algún momento? Cuando le decimos a todos cuánto nos disgusta nuestra vida, ahí es cuando necesitamos cerrar la boca. El Método CLB proporciona un mapa para hacerle una ingeniería inversa a tu vida; para transformarla desde adentro hacia afuera.

ESTE LIBRO TRATA SOBRE MODIFICAR LA MANERA EN LA QUE METABOLIZAMOS EL ESTRÉS.

Lo diré muy simple. La única forma de transformar nuestra vida es dejar de quejarnos, punto. Pero no te preocupes, te daré las herramientas para eliminar de inmediato la adicción a las quejas.

Al salir de un retiro de yoga hace unos años, tuve una gran epifanía sobre cómo, de manera personal, metabolizo el estrés. Estaba en un aeropuerto en Guatemala caminando hacia mi vuelo. Nunca me había sentido tan santo, mágico y místico. Iba a regresar a Los Ángeles después de estar en un retiro de meditación y yoga de una semana que me voló la mente. Me sentía muy conectado con la Madre Tierra y con mi propósito en la vida. Cuando llegué al mostrador de boletos, estaba sonriendo de oreja a oreja. De repente, la agente de boletos me informó que mi reservación había sido cancelada, y que no podía reprogramar mi vuelo hasta dentro de dos días.

En ese momento, toda mi meditación y amor santo se fueron por la ventana. La rabia, el pánico y el miedo se apoderaron de mi cuerpo. Mis quejas escalaron hasta la agresión verbal. Pasé de: «Has cometido un gran error», a: «Necesito hablar con tu gerente», a: «Eres inútil». ¿Cómo era posible que no pudiera usar lo que aprendí en mi retiro de meditación? No podía encontrar una manera de controlar mi ira y tan solo cerrar la boca

Haber comprendido que estaba programado para quejarme fue la génesis de este libro. Tuve que aprender a reprogramar mis frustraciones. No estoy diciendo que necesitamos ignorar las dificultades cuando ocurren. Mi intención es que seas consciente de lo que dices en la vida cotidiana. Si haces esto, poco a poco transformarás tu vida. No solo te sentirás más en paz cuando sucedan cosas malas, sino que atraerás más de eso que deseas. El poder de la disrupción está disponible para todos nosotros. Solo tienes que hacer tu parte.

¡Felicidades! Has encontrado la clave para transformar tu vida. Y todo comienza con el Método CLB.

CAPÍTULO 1

SANA
MÁS RÁPIDO, AYUDA MÁS RÁPIDO

EL UNIVERSO SIEMPRE ESTÁ CONSPIRANDO PARA APOYARTE, GUIARTE Y LLEVARTE COMPASIVAMENTE HACIA EL MAYOR BIEN.

– GABBY BERNSTEIN

¿Qué es la sanación? La sanación luce diferente para cada uno de nosotros. En mi experiencia, cuando puedo recordar un evento que alguna vez fue doloroso sin sentir emociones dañinas, eso es sanación.

Algunos perderemos a seres queridos por cáncer. Otros, al amor de nuestras vidas. Y otros más, perderemos nuestra salud o, incluso, a un hijo.

Pero, ¿y si esa horrible pérdida que tanto tememos puede ser también nuestro mayor catalizador para la sanación; el tipo de sanación que afectará y curará a las personas a nuestro alrededor?

El otro día estaba hablando con uno de mis mejores amigos. Ambos perdimos a nuestros padres por cáncer. Haber sufrido semejante golpe nos permitió ayudar a otras personas a través de nuestras historias. De esta manera nos convertimos en ejemplos de vulnerabilidad y fortaleza.

No estoy diciendo que todos los que han pasado por una pérdida deban convertirse en oradores motivacionales. Sin embargo, me parece interesante que tantas personas que han sufrido dolor hayan hecho del servicio su camino.

En el fondo, todos estamos programados para ayudar, y estar al servicio de la humanidad.

En el momento en el que superamos una pérdida enorme, ya sea física o emocional, servimos como la «milla de cuatro minutos».

Cuando la primera persona en la historia rompió el récord de correr una milla en cuatro minutos, todos los demás empezaron a hacerlo. Sin embargo, se necesitó que una persona lo hiciera primero, y nos mostrara que era posible.

Una vez estuve en un retiro donde conocí a un hombre que tenía ELA (Esclerosis Lateral Amiotrófica), una enfermedad neurológica que inhibe las habilidades motoras. Él estaba en paz con su condición, y me dijo que era mucho más feliz que en sus días anteriores, cuando tenía control total de su cuerpo, pero estaba deprimido. Para él, vivir con ELA era estar en plenitud, sin importar sus síntomas o las consecuencias de la enfermedad. En su opinión, esta era la verdadera libertad.

EL PROCESO DE CADA UNO ES PERFECTO. TODOS TENEMOS NUESTRA MANERA DE LIDIAR CON UN MOMENTO DIFÍCIL.

Para mí, superar el fallecimiento de mis padres fue importante en muchos niveles. Sirvió como ejemplo de cómo prevalece el espíritu humano, y fue el catalizador para que yo siguiera un camino de sanación y pusiera esta información en el mundo. Estoy aquí para servir con mis experiencias de vida; y sé que no soy el único. Si eres uno de los míos, te veo. Y gracias por unirte a mí en este viaje del Método CLB.

CAPÍTULO 2

EL MÉTODO CLB Y LOS 10 MANDAMIENTOS

NO HAY CAMINO A LA
FELICIDAD,
LA FELICIDAD ES
EL CAMINO.
— *WAYNE DYER*

El Método CLB es un enfoque transformador que enfatiza el poder del silencio y la autorreflexión para mejorar radicalmente la vida. Se basa en la comprensión de que quejarse en exceso, centrarse en los problemas o participar en autocríticas negativas perpetúa el estrés e impide el crecimiento personal.

AL ADOPTAR EL MÉTODO CLB, INVERTIMOS LA SECUENCIA: «CREER, PENSAR, DECIR», Y VAMOS HACIA ATRÁS

Detenemos las palabras, lo que minimizará los pensamientos, erradicando así las creencias. Los individuos aprenderán a calmar sus mentes, a enfocarse en afirmaciones positivas y participar en prácticas que promuevan una visión más saludable y optimista de la vida.

En este método no se trata de suprimir la voz de uno, sino de aprovechar el poder del silencio estratégico para desintoxicarse de la negatividad, reprogramar los patrones de pensamiento y, en última instancia, llevar una vida más plena y pacífica.

LOS 10 MANDAMIENTOS DEL MÉTODO CLB - EL NÚCLEO DEL MÉTODO

1

NO USARÁS EL NOMBRE DE UNA PERSONA AL HABLAR MAL DE ELLA

Cuando hables desfavorablemente de otros, evita usar sus nombres. En su lugar, refiérete a ellos como «mi amigo» para mantener el anonimato.

2

NO PARTICIPARÁS EN CHISMES, EXCEPTO PARA DECIR «TE ESCUCHO»

En situaciones donde surja el chisme, permanece en silencio o simplemente reconócelo con un «Te escucho». Evita contribuir a discusiones negativas sobre personas ausentes. Cuando hables de personas que no están presentes, pregúntate: «¿Qué pensarían si pudieran escucharte en este momento?»

3

SOLO HABLARÁS DE TUS PROBLEMAS CON UNA PERSONA ELEGIDA

Limita la expresión verbal de tus problemas personales a un confidente de confianza. Precede cada discusión dejando claro que esa será la única persona que escuchará esta historia. Esto creará un vínculo poderoso entre ambos.

4

SERÁS COMPASIVO EN TU PROPIA NARRATIVA DE UN PROBLEMA

Mantén una perspectiva compasiva al hablar o pensar en tus propios desafíos.

5

PRACTICARÁS LA GENEROSIDAD AL ESCUCHAR

Permite a los demás la libertad de expresarse, incluso si sus palabras son negativas. Escucha atentamente sin simplemente esperar tu turno para hablar. Esfuérzate por escuchar el doble de lo que hablas y evita dominar las conversaciones.

6

CONFIARÁS EN EL DESARROLLO DE TU VIDA.

Recuerda, el caos es una señal de que el orden está tomando forma. Todo se está desarrollando perfectamente, incluso cuando parece incierto. Al abrazar lo desconocido, es posible que te alejes naturalmente de ciertas personas y cosas, haciendo espacio para un nuevo crecimiento.

7

RECORDARÁS QUE LA VIDA ES TEMPORAL.

Reconoce consistentemente la naturaleza transitoria de la existencia. Mantén en mente que la vida es efímera y que el tiempo en la Tierra es finito, lo que fomenta un sentido de urgencia y propósito.

8

RECORDARÁS QUE MILLONES DE PERSONAS DESEARÍAN ESTAR EN TU LUGAR.

Mantén presente la abundancia de bendiciones en tu vida y cultiva una perspectiva de gratitud. Reconoce que muchos cambiarían gustosamente lugares contigo, fomentando la apreciación en todos los aspectos de la vida.

9

NO SERÁS UN REPORTERO, SERÁS UN CREADOR.

Recuerda, no eres un reportero de televisión. En lugar

de simplemente describir los eventos tal como ocurren, encuádralos de una manera que se alinee con tus metas y resultados deseados. Sé intencional con tus palabras: ellas moldean tu realidad. Declara tu visión de manera clara y segura. Tú controlas la narrativa de tu vida, y al hacerlo, dominas tu percepción de ella.

10

RECORDARÁS CALLARTE LA BOCA ANTES DE DECIRLE A ALGUIEN MÁS QUE SE CALLE LA BOCA.

Antes de dar un consejo, recuérdate que todos tienen razón en su propia toma de decisiones. Lidera con empatía en cada interacción. Y a veces, lo mejor que puedes hacer es callarte—literalmente—y simplemente escuchar.

Estos mandamientos estarán esparcidos a lo largo de este libro. Por favor, haz un hábito de referenciar los mandamientos mientras te sumerges en las historias.

CAPÍTULO 3

DESINTOXICA TU MENTE

NO ES EL PROBLEMA LO QUE CAUSA NUESTRO SUFRIMIENTO; ES CÓMO PENSAMOS SOBRE EL PROBLEMA.

– BYRON KATIE

Estamos emocionalmente adictos a nuestras vidas. Lo que quiero decir con eso es que hay una reacción química ocurriendo en todos nosotros en cada momento. No elegimos nuestras experiencias; estamos energéticamente atraídos hacia ellas. ¿No te has dado cuenta de que tienes ese amigo que siempre sale con el mismo tipo de persona? ¿O que siempre pareces tener el mismo conflicto con diferentes personas? El conflicto no es el problema, sino que perpetuamos el conflicto al seguir hablando de él.

Estudios muestran que la mente subconsciente controla el 95 % de lo que nos sucede. Eso significa que nuestro sistema de creencias está funcionando de manera automática y dirigiendo el espectáculo. No podemos evitarlo; cómo vemos el mundo es cómo lo experimentamos, y lo mismo sucede con las personas. Como cultura, hemos normalizado quejarnos y despotricar, y hemos pagado un precio alto por ello: el deterioro de la calidad de nuestras vidas. Si supieras que protestar sobre las personas solo hace que sigan comportándose de esa manera, ¿seguirías haciéndolo?

Supongamos que estás en el trabajo y tú y tus compañeros han normalizado discutir sobre vuestro jefe. Incluso han creado un ritual de unión para criticarlo alrededor de la nevera. Pero, ¿no es interesante que sigas percibiendo a tu superior de la manera en la que lo describes? No estoy hablando de no enfrentar un problema que puedas tener con él, sino de cuando vas diciéndole a todos que es una pesadilla. Claro, podría darte algunos puntos a favor y algunas risas, pero el precio que estás pagando es la calidad de tu vida. Al final, eres tú quien está experimentando a un jefe infernal.

Además, ten en cuenta que cuando tenemos un problema con alguien, es muy probable que no estemos siendo compasivos con esa persona. No estoy diciendo que no tengas razón sobre tu jefe, pero si supieras cómo él llegó genéticamente al mundo y los problemas que tiene en casa, ¿seguirías quejándote de él? Si supieras que decirles a todos que es una pesadilla es lo que te hace experimentarlo de esa manera, ¿seguirías haciéndolo?

SÉ QUE LA GENTE PIENSA QUE NECESITA DESAHOGARSE AL HABLAR DE SUS PROBLEMAS, PERO, ¿EN SERIO NECESITA HACERLO?

Después de contarle a la décima persona en un día, ¿de verdad crees que se están desahogando? ¿O están reproduciendo la adicción emocional que tienen a quejarse? No hay nada de malo en hacerlo... si quieres perpetuar lo que no deseas en tu vida.

Quizás no quieras escuchar esto, pero es posible que debas revisar algunas de tus amistades. ¿Se basan en criticar a otros? Puede que pienses que estás creando un vínculo con tu amigo, pero en realidad ambos son adictos emocionales consumiendo juntos la droga de la queja. Claro, te vas a sentir genial mientras estás en tu «subidón» de hablar mal. Pero en el momento en que se acabe ese sentimiento, otro conflicto aparecerá de la nada y te llevará en esa montaña rusa de nuevo. Todo esto se debe a que tu cuerpo anhela esa dinámica de forma subconsciente.

NUESTRAS OBSERVACIONES AFECTAN LA REALIDAD; ESE ES EL NÚCLEO DE ESTE LIBRO.

TÚ eres el observador, y puedes determinar lo que ves y cómo lo ves. Los días de ser un reportero de noticias se han terminado, ya no podemos permitirnos mirar al mundo y simplemente describirlo. Este modo de vivir podría llamarse «Mundo/Palabra». Ves el mundo y luego lo describes. La versión mejorada de esto es invertir el orden a «Palabra/Mundo». Esto significa que describes el mundo como quieres verlo (esta es una pequeña joya que recogí de Landmark Education, un programa de desarrollo personal).

No estoy diciendo que mires a tu cuenta bancaria y grites: «¡Soy rico!», si eso no es cierto. Pero tampoco tienes que llamar a todos tus amigos y decirles que estás en bancarrota. Donde pones tu atención, la energía crece. Es así de simple. Algunas personas piensan que puede ser descuidado no prestar atención al problema, como si hablar de eso todo el tiempo y lamentarte de tus conflictos y de los del mundo fuera una forma válida de ser. Pero no funciona de esa manera.

Apoyo la ley de la atracción y cómo nuestro enfoque moldea nuestra realidad.

Es como una fuerza magnética que atrae hacia nosotros aquello en lo que todo el tiempo ponemos nuestra energía. Entonces, cuando hay un desafío, es importante resolverlo, sin duda. Pero obsesionarse sin fin y revivir el mismo problema una y otra vez no es productivo. Es como intentar arreglar un barco con fugas sacando agua sin haber reparado el agujero. Claro, reconocer la dificultad es el primer paso, pero luego es momento de cambiar el enfoque hacia la búsqueda de soluciones y la toma de acciones. Esa es la verdadera clave para mejorar las cosas.

CAPÍTULO 4

NO SOMOS REPORTEROS

SIMPLEMENTE TIENES QUE IGNORAR LOS RUMORES Y ENFOCARTE EN LO QUE ES IMPORTANTE PARA TI.

– LANCE BASS

¿Alguna vez miras las noticias? Espero que digas que NO, pero sé que lo haces. No estoy diciendo que no estés informado sobre los eventos actuales. En caso de que no te hayas dado cuenta, aún podemos enterarnos de todo lo que sucede en el mundo, incluso si no vemos las noticias. Así que en algún momento de la vida todos nos hemos convertido en reporteros. Y no importa si es para CNN o Fox News, es lo mismo. Nos reunimos e informamos lo que vemos, describiéndolo.

Describir el mundo como lo vemos es parte del fenómeno «Mundo/Palabra». No vemos las cosas como son, vemos las cosas como somos. Sé que debes pensar: «Pero espera, si algo aparenta ser un desastre o parece peligroso, todo el mundo estará de acuerdo en que hay un problema». Pero entonces mi pregunta es: ¿quieres tener razón o quieres ser feliz? Porque si quieres tener razón, podrías estar de acuerdo con todo el mundo, pero si quieres ser libre y de verdad dejar «la matriz», sigue leyendo.

Si miramos dentro de una célula con un microscopio, encontraremos caos. En un entorno caótico, las bacterias prosperan y de ese entorno se crean las células. ¿Podría ser que, en nuestro nivel más primitivo, debe haber caos para que surja la armonía? Considera la teoría del Big Bang.

Del caos más explosivo se creó el orden más perfecto: el universo.

Veamos ahora un ejemplo más cotidiano. Estás renovando tu casa. Habrá un momento durante la renovación en el que todo se verá muy caótico. Si tomas una captura de pantalla de esa realidad y la llamas «vida», entonces la vida parecería un desastre. Pero la realidad es que el desorden que ves es parte del orden que se está creando. Primero necesita pasar por el desorden.

Si comenzamos a ver todo el caos en el mundo con esta nueva perspectiva, que hay un desorden necesario involucrado en cualquier resolución y armonía en cualquier situación, podríamos sentirnos diferente acerca de lo que está sucediendo. Y esa es la clave: si comenzamos a sentirnos diferente acerca de lo que está sucediendo, incluso si es solo de manera sutil, entonces comenzaremos a sentirnos mejor. Si comenzamos a sentirnos mejor, entonces atraeremos otra realidad y produciremos pensamientos diferentes.

Todo es energía y, si vemos mucho caos en el mundo, eso significa que tenemos un patrón activo sobre los sucesos a nuestro alrededor. A medida que comencemos a suavizar la historia de lo que vemos, comenzaremos a atraer cosas diferentes. Si bien esto puede sonar como si estuviera sugiriendo que las personas en regiones empobrecidas han provocado sus propias circunstancias, te aseguro que no es mi intención. Hay complejidades más allá de nuestra comprensión, como la interacción entre el libre albedrío y el destino, o los misterios de las desigualdades inherentes de la vida.

Nuestra mejor opción es ver nuestra situación actual como una pizarra limpia y decir: «Aquí es donde estoy, ¿hacia dónde quiero ir?».

Comprometernos a detectar lo que está mal en el mundo es parte de la tendencia de supervivencia humana con la que venimos programados, y es un hábito o adicción que adquirimos en algún momento. Para salir de este ciclo, debemos hablar del mundo como queremos verlo.

Considera cómo, en muchas ocasiones, nos molestamos por situaciones o individuos solo porque no los vemos desde una perspectiva diferente. A menudo, presumimos que cambiar la situación o a la persona nos traería mayor satisfacción. Pero, ¿podemos en verdad estar seguros? ¿Cómo podemos saber si navegar por tales circunstancias nos guiará, al final, a donde necesitamos estar?

A MENUDO VAMOS POR LA VIDA CONVENCIDOS DE QUE ENTENDEMOS CÓMO DEBERÍA DESARROLLARSE, PERO LA REALIDAD ES BASTANTE DIFERENTE.

¿Qué pasaría si abordáramos cada esfuerzo con un entusiasmo inquebrantable, reconociendo que no siempre sabemos qué es lo mejor para nosotros? Si vienen momentos en los que parece que no tenemos control, creo con firmeza que retenemos un grado de influencia a través de nuestra perspectiva.

Tenemos un control total sobre nuestra perspectiva y la forma en que relatamos los eventos que moldean nuestras vidas. Aunque reconozco que nuestras tendencias narrativas están influenciadas por factores como la programación, la cultura y el subconsciente, mi enfoque se centra en refinar este marco discursivo. Me fascina la posibilidad de limpiar nuestra programación para empoderarnos con la capacidad de moldear la narrativa de nuestras vidas. El concepto detrás de este libro, **El Método CLB**, sirve como nuestro primer paso hacia lograr este objetivo.

A medida que nos abstenemos de los patrones de habla predeterminados, nuestro cableado mental se transforma. Es como purgarnos de las dependencias emocionales que moldean nuestras perspectivas. Al principio, abstenerse de participar en quejas o chismes puede sentirse extraño en un contexto de normas sociales. Sin embargo, a medida que persistamos en evitar el discurso negativo, el proceso se volverá poco a poco más fácil. Es como embarcarse en un viaje de desintoxicación, como el primer día de rehabilitación de un drogadicto. Para alguien así, ese primer día puede representar el mayor desafío; con cada día que pasa y cada muestra de fuerza de voluntad ocurren cambios transformadores. Las fuentes de irritación anteriores comienzan a perder su potencia o tan solo desaparecen. La vida asume una cualidad de ensueño, llena de positividad. Aquellos que ya no se alinean con tu nueva vida desaparecen con naturalidad, mientras la belleza se revela en múltiples formas.

Nuestros cerebros son como computadoras. Hemos sido programados a través de la genética, la cultura, el entorno y los hábitos. Y, quién sabe, tal vez algunas cosas de vidas pasadas también (si crees en eso). La buena noticia es que no importa cómo nos programaron. La noticia aún mejor es que podemos reprogramarnos. Para mí, hay dos maneras de reprogramarnos; ambas formas deben hacerse para que funcione. Lo pondré muy fácil:

1

MEDITACIÓN:

Cuando meditas, en especial por la mañana justo cuando te despiertas o por la noche antes de dormir, tu cerebro está en estado de theta. Cuando esto sucede, eres muy sugestionable. Si usas una meditación guiada llena de afirmaciones positivas (recomiendo las meditaciones del Dr. Joe Dispenza), reprogramarás tu cerebro con formas positivas de ser. Si mantienes esta práctica durante un tiempo, al igual que al hacer ejercicio en el gimnasio, tus músculos comenzarán a notarse. De repente, comenzarás a perder el deseo de ser negativo. Te preocuparás menos, sospecharás menos de los demás y comenzarás a ser una persona que vea el vaso medio lleno. Para mí, lo más emocionante fue cuando alguien me cortaba el paso en la carretera y comencé a notar que apenas me enojaba; tal vez en una escala del 1 al 10, llegaba a un 3, y luego con rapidez lo dejaba pasar. Eso es lo que más me emocionaba. Pero esto no es suficiente. Para completar la reprogramación, también debes hacer la siguiente parte.

2

CÁLLATE LA BOCA

No estoy bromeando. Estás haciendo el ejercicio mental de la meditación (considera esto como ir al gimnasio), pero si no comes de forma adecuada, bebes proteína y descansas (cerrar la boca), tus esfuerzos no serán óptimos. El Método CLB es tan importante como la meditación. Lo que quiero decir es que la vida te pondrá en situaciones donde las personas van a chismear, serán negativas, etc. Debes invocar a tu fuerza de voluntad para no participar en estas conversaciones. Tampoco estoy diciendo que necesitas dar un sermón a todos los que hablan de manera negativa a tu alrededor y ser «la policía del Método CLB». Pero no tienes que aportar a esa conversación. Podrías tan solo sonreír y asentir. Lo más probable es que ni siquiera notarán que no estás participando en las críticas, pero TÚ lo notarás, y eso es lo que importa. A veces, cuando las personas quieren que esté de acuerdo al hablar mal de alguien, incluso digo: «Te escucho», refiriéndome a que escucho palabras salir de su boca.

Al comenzar con el Método CLB, al principio tenía muy poca paciencia cuando la gente comenzaba a chismear, ser negativa o hablar mal de las personas. Colgaba rápido el teléfono o les daba un sermón sobre cómo estaban perpetuando su situación negativa al hablar de la forma en que lo hacían. Pero luego, al continuar en este camino, comencé a familiarizarme con los conceptos de compasión y aceptación, hacia mí mismo y hacia los demás.

En realidad, al principio de mi proceso personal, trataba de controlar la situación en nombre de la positividad y de estar en lo correcto. El control es una de las configuraciones predeterminadas más grandes que tenemos como seres humanos. Una vez que me desintoxiqué más y más a través de la meditación y el Método CLB, perdí la necesidad de tratar de controlar la forma en que otras personas hablaban. Empecé a encontrar adorable que fueran negativos y me resultaban tan divertidas sus formas de ser que ni siquiera intentaba controlarlos o modificarlos.

Algunas de mis amistades cambiaron y otras personas desaparecieron de mi vida. No estaba sosteniendo una antorcha diciendo que era mejor que ellos o más espiritualmente evolucionado. Me quedó claro que necesitaban hacer lo suyo allá y yo necesitaba hacer lo mío aquí.

NADIE ESTÁ HACIENDO LAS COSAS MEJOR QUE NADIE; ES SOLO QUE ESTAMOS EN DIFERENTES CAMINOS.

Hay personas a las que amo con todo mi corazón y, a pesar de eso, sé que debemos mantenernos a distancia. El asunto es que cuando estás con una persona que todo el tiempo habla mal de otras o comparte sus secretos, ¿qué crees que hacen a tus espaldas? Exacto. Comencé a contarles cada vez menos cosas personales hasta que no quedó nada que decir. Ahora, sé que no lo hacían a propósito, todo esto es un comportamiento programado subconscientemente, pero eso no significa que necesite mantenerlos cerca.

Lo curioso es que sentí mucho amor y compasión por esas personas. Cuando una persona está hablando negativamente sobre alguien para crear camaradería y relación en un grupo, ¿sabes qué pasa cuando esa persona se queda sola sin nadie con quién chismear? ¿Qué crees? Adivina. Esa persona comienza a atacarse a sí misma. No soy una persona religiosa, pero en este caso, la Biblia tiene razón: «Ama a tu prójimo como a ti mismo». Si te odio a ti, me odio a mí.

A medida que, de manera constante, me esfuerzo por hablar limpio sobre los demás, adopto con naturalidad un tono más compasivo y de aceptación hacia mí mismo. Mientras envejecemos, los reflejos que vemos en el espejo pueden no ser siempre halagadores, por lo que fomentar un hábito de hablar positivamente se vuelve cada vez más vital.

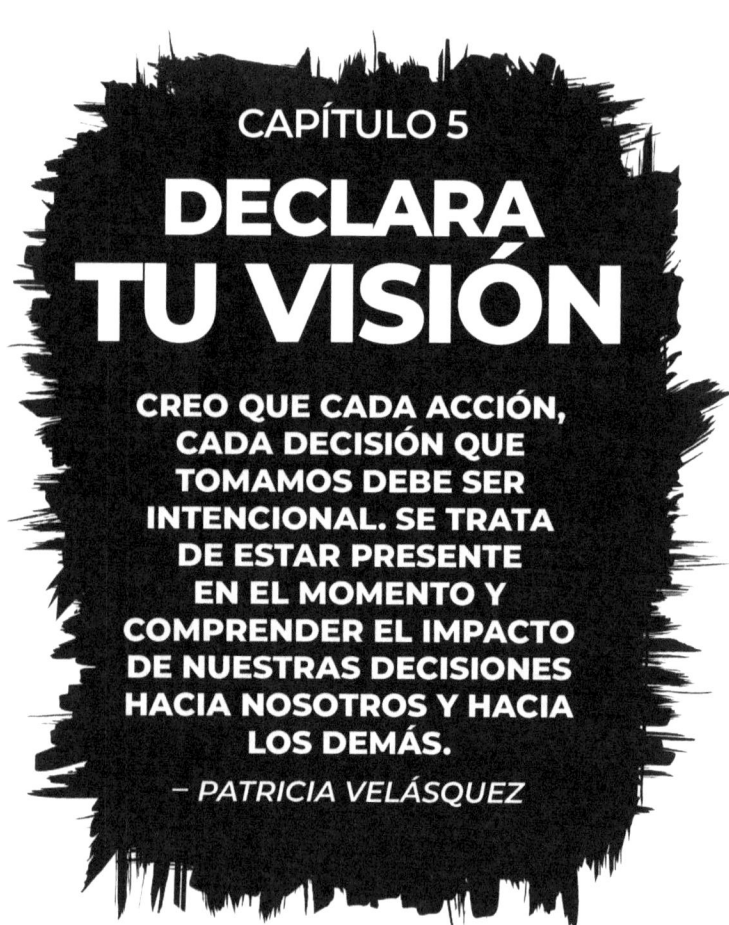

CAPÍTULO 5

DECLARA TU VISIÓN

CREO QUE CADA ACCIÓN, CADA DECISIÓN QUE TOMAMOS DEBE SER INTENCIONAL. SE TRATA DE ESTAR PRESENTE EN EL MOMENTO Y COMPRENDER EL IMPACTO DE NUESTRAS DECISIONES HACIA NOSOTROS Y HACIA LOS DEMÁS.

— PATRICIA VELÁSQUEZ

¿Qué pasaría si te dijera que tu mundo es solo tu sistema de creencias manifestado en el reino tridimensional? Bastante loco, ¿verdad? Sé que aquí es donde mis amigos piensan que soy demasiado molesto, pero es verdad. Ya sea consciente o subconscientemente, controlamos la forma en que experimentamos el mundo.

Para convertirnos en creadores deliberados, la meditación es crucial. Sin embargo, entiendo que, para algunos, este término puede ser desconcertante o incluso perturbador. El concepto de cerrar los ojos y permanecer despierto de forma deliberada puede parecer extraño al principio. Pero créeme, después de un tiempo, te permite conectarte con la magia del mundo. Si estás comenzando con la meditación, recomendaría hacerlo durante cinco o diez minutos como máximo. También recomiendo usar meditaciones guiadas donde puedas escuchar una cascada o sonidos de la naturaleza. Seamos realistas, sentarse en silencio durante más de cinco minutos es difícil si nunca lo has hecho antes. Además, ¿dónde encuentras un momento completamente silencioso? Tu sistema nervioso no está acostumbrado a tanta calma y puede sentirse demasiado extraño para él.

Hay un montón de meditaciones guiadas gratuitas que puedes encontrar en YouTube, y puedes incluso especificar cuántos minutos quieres meditar. Creo que la aplicación *Calm* es excelente para principiantes y personalmente recomiendo las meditaciones guiadas del Dr. Joe Dispenza.

Permíteme ser franco contigo, y entiendo si esto no es lo que quieres escuchar, pero establecer una práctica sólida de meditación es imperativo si deseas reprogramar tus hábitos subconscientes. Es la clave para regular tu sistema nervioso y una preparación fundamental para abrazar el Método CLB.

NO ES IMPOSIBLE COMPRENDER EL MÉTODO CLB SIN UNA PRÁCTICA CONSTANTE DE MEDITACIÓN, PERO APLICARLA MEJORARÁ TU EXPERIENCIA DE MANERA EXPONENCIAL.

Más adelante en este capítulo profundizaré en la importancia de conservar un sistema nervioso equilibrado y de mantener bajo control la respuesta de lucha o huida.

Los momentos óptimos para meditar son por la mañana o justo antes de acostarse. Durante estos períodos, tu cerebro entra en estado de theta, el más receptivo para ser reprogramado. Esto es crucial porque muchos de nosotros albergamos creencias centrales negativas ocultas, y meditar en este momento es básicamente como entrar en nuestro cerebro. Cuando digo negativo, no me refiero a un juicio moral; más bien, estas creencias están arraigadas en instintos de supervivencia.

Considera nuestro pasado: ser humano era desalentador hace solo unas generaciones. Nuestros antepasados vivieron en épocas de avances médicos limitados y el mundo era mucho más primitivo. Una realidad dura, pero así era.

El mecanismo de supervivencia de lucha o huida es innato en todos nosotros, transmitido a través de generaciones de antepasados que enfrentaron condiciones extremas. ¿Alguna vez te has preguntado por qué los niños pequeños le temen a la oscuridad? No es un comportamiento aprendido; está arraigado en su ADN. Los depredadores a menudo atacan en la oscuridad. Nuestros instintos nos advierten de posibles peligros. ¿No es notable? Es como si nuestra memoria genética recordara a nuestros antepasados siendo presas de un tigre dientes de sable. Ahora decimos: «Ni hablar, no voy a terminar como un bocadillo esta vez».

Vamos a desglosarlo. La meditación es como la píldora definitiva para calmar ese impulso de lucha o huida, para que no estemos todo el tiempo con los nervios de punta. ¿Alguna vez has notado cómo nos atraen las malas noticias? Es porque nuestro instinto de lucha o huida susurra que saber lo que está mal en el mundo nos mantiene a salvo. Así que no le eches la culpa a CNN o Fox News por servir malas noticias; es lo que anhelamos. Nos convencemos de que necesitamos mantenernos informados por seguridad. Pero adivina qué: cuantas más malas noticias consumimos, más nos estresamos. Y adivina qué más: el estrés debilita nuestro sistema inmunológico, haciéndonos más vulnerables a las enfermedades. Aquí está el remate: ese sistema de alarma con el que nacimos es el mismo que irónicamente termina matándonos... ¡Nada más que decir!

¿Sabes qué es interesante? Ni siquiera podemos culpar a los anunciantes como Apple o Toyota por capitalizar los altos porcentajes de audiencia de CNN durante las noticias de las 10 en punto, en especial cuando es el momento en que se informa sobre la guerra. Es como si los anunciantes vieran esos números y pensaran: «Genial, sigamos apoyando esto».

Las estaciones de noticias son negocios, después de todo. Están en el negocio de ser vistos, y eso es lo que intentan seguir haciendo. Su propósito no es llevar un registro de nuestro estrés personal y el daño potencial que ver las noticias podría hacernos.

Una vez que hayas aprovechado el poder de calmar tus nervios, estás listo para el Método CLB. Y apuesto a que te preguntas: «¿Qué demonios significa eso?» Confía en mí, está basado en la ciencia. Imagina esto: entras en una habitación, miras a la izquierda y, ¿qué ves? Caos. El suelo está lleno de basura, la cama sin hacer, papel higiénico esparcido por todas partes y, solo por diversión, un par de prendas interiores sucias giran en el ventilador de techo. Ahora mira a la derecha: todo está impecable. La cama está hecha a la perfección, flores adornan la mesita de noche y todo está en su lugar.

Este contraste tan marcado es una metáfora vívida del desorden y de la armonía dentro de nosotros. El desorden es la agitación que experimentamos cuando nuestros nervios están descontrolados. La mitad impecable es la calma, el enfoque que ganamos a través del Método CLB. ¿Captas las vibraciones que estoy transmitiendo aquí? El caos y la calma son dos caras de la misma moneda. No se trata de ignorar el caos, sino de reconocer que tenemos el poder de elegir dónde enfocamos nuestra energía. ¿Nos centramos en el desorden o buscamos paz y claridad? La elección es nuestra, y comienza con regular nuestra agitación interna. Solo entonces podremos abrazar con plenitud el poder transformador del Método CLB, que nos conducirá no solo a una mente más tranquila, sino a una vida donde de verdad estemos en control.

A lo que le pones atención es lo que florece. No se trata de ignorar el desorden que necesita ser eliminado (en especial si quieres una habitación impecable). Aquí está el truco: lidiar con el desorden es una cosa; cómo lo manejas, ahí es donde sucede la magia. Así que, cuando te enfrentas a un desorden, ya sea en tu habitación o en tu cabeza, el modo de acción es simple: abórdalo, no te obsesiones con él. Donde a menudo nos desviamos es al empecinarnos con lo que está mal en lugar de tomar acción y seguir adelante. No nos quedemos atrapados en un ciclo de quejas e inactividad. Lidia con lo que necesites lidiar, luego cambia tu enfoque hacia lo impecable, hacia el progreso. Ese cambio lo es todo.

La constante observación y discusión de lo que está mal mantiene los problemas activos en nuestro campo de energía. Esto, por defecto, arraiga su presencia en nuestras vidas.

Algunas personas confunden el Método CLB con ignorar los problemas y barrerlos bajo la alfombra. Este método no se trata de represión, se trata de atención plena. Animo a las personas a ser proactivas y resolver mucho más rápido lo que necesita ser manejado y, después de eso, a que cierren la boca. No hay necesidad de llenar nuestras vidas con esas cosas que no queremos vivir más.

UNA VEZ QUE HAYAS DOMINADO LA MEDITACIÓN Y COMENZADO A TRABAJAR CON EL MÉTODO CLB, ESTÁS LISTO PARA CULTIVAR EL HÁBITO DE DECLARAR CÓMO QUIERES VER EL MUNDO.

No describas el mundo tal y como es. Declara cómo quieres que sea. Dale un segundo a tu vida y espera hasta que el mundo físico alcance tu intención, y llegará allí. Cuanto más uses el Método CLB, más fácil será mantenerte positivo y estar más orientado hacia las soluciones. Ya no hablarás de lo que no quieres y tendrás más paz interior sin importar lo que esté sucediendo en tu mundo.

Puede parecer contradictorio no preocuparse por las pequeñas cosas, o por las grandes cosas, en realidad. Pero imagina esto: cuanto menos te aferras a los resultados, más parece fluir la vida a tu favor. Concepto loco, ¿no? Vamos a profundizar más. Imagina que estás desesperado porque algo salga bien, digamos, un proyecto. Esa desesperación está envuelta en vibraciones de «lo necesito», un caso clásico de mentalidad de escasez. Estás convencido de que necesitas este triunfo para estar contento. Pero cambia el guion. Adopta una actitud de «puedo tomarlo o dejarlo» y, de repente, las cosas comenzarán a alinearse casi sin esfuerzo. ¿Por qué? Porque has entrado en territorio de abundancia. No estás persiguiendo la felicidad en los resultados; ya estás disfrutándola. No te falta nada; lo tienes todo.

Ahora puedo escuchar a todos ustedes pensando: «Eso no tiene sentido. ¿Cómo puede ser que mientras menos quieras algo, más probable sea que lo consigas?» Lo sé. Es contradictorio a lo que hemos sido condicionados a creer. De forma instintiva operamos para perseguir cosas.

Piensa en esto: si tuviéramos una certeza profunda, una certeza arraigada, de que las cosas que anhelamos, ya sea amor, familia, la casa de nuestros sueños, la carrera que siempre hemos querido, o incluso ese auto que grita: «Lo he logrado» (sí, tocando esos sueños arquetípicos), ya están en camino hacia nosotros, ¿de verdad pasaríamos tanto tiempo preocupándonos por su ausencia? A menudo nos encontramos atrapados en un ciclo, y nos obsesionamos con nuestros deseos hasta que se materializan.

Esta persecución implacable, esta fijación en lo que «necesitamos» adquirir, surge de un lugar primitivo dentro de nosotros; un instinto de supervivencia que se trata más de aferrarse a la seguridad que de abrazar el viaje.

Reducimos nuestros estados de supervivencia implementando una práctica sólida de meditación, donde reprogramemos la lucha o huida; y una práctica fuerte del Método CLB, donde hablemos limpio y no digamos nada que no queramos experimentar. Cuanto más ejercitamos estos «músculos», más fácil se vuelve. ¡Confía en mí! Antes de que te des cuenta, notarás cómo las cosas ya no te molestan y cómo piensas que es lindo cuando alguien no está haciendo lo que quieres que haga. Hay una nueva forma de vivir cuando perdemos el apego al resultado y a las cosas que queremos. Irónicamente, cuanto menos nos importa, más las cosas van a nuestro favor.

CAPÍTULO 6

SIMPLIFICA
TU VIDA

CREO FIRMEMENTE EN
LOS NUEVOS COMIENZOS.
CADA DÍA ES UNA
OPORTUNIDAD PARA
EMPEZAR DE NUEVO,
PARA SER MEJOR QUE EL
DÍA ANTERIOR. ABRAZA
EL CAMBIO, ABRAZA EL
CRECIMIENTO Y NUNCA
TENGAS MIEDO DE
EMPEZAR DE NUEVO.

– LINDSAY LOHAN

Se dice que cuanto más te deshaces de cosas, más espacio haces para que lleguen cosas nuevas. Este es un fenómeno que podría ser literal y también metafórico. Si todo es energía y a menudo nos deshacemos de cosas, de manera constante estamos creando espacio para que el universo y lo desconocido nos traiga novedades.

Esto no se limita solo a cosas sino también a personas. Hay un condicionamiento muy fuerte de que quien tiene más amigos, gana; asociamos popularidad con éxito. Desde la escuela primaria hasta la secundaria vemos este fenómeno: el deseo de ser visto y ser notado.

No hay nada de malo en querer ser visto o tener muchos amigos o una familia grande. La idea errónea es que pensamos que cuantos más, mejor; y ese no es necesariamente el caso. Cuanto más tenemos, más sistemas necesitamos para mantenerlo todo. Esto no es algo malo pero sí es algo a considerar.

Siempre me ha encantado tener muchos amigos a mi alrededor y me enorgullecía ser el chico más divertido de la habitación. Después de que mis padres dejaron esta vida, me volví más solitario y comencé a disfrutar de cosas que nunca solía hacer, como pasar un viernes por la noche en casa solo o almorzar solo. Fue muy poderoso aventurarme en lo desconocido en cuanto a diferentes formas de disfrutar mi vida.

Me topé con una gran epifanía sobre las amistades. Nuestros días están llenos con un número finito de horas y, dentro de esas horas, estamos equilibrando innumerables tareas, pasiones y, sí, nuestras relaciones. Determinar a qué asignar nuestro precioso tiempo se convierte en un verdadero desafío. Es como si estuviéramos todo el tiempo tratando de resolver un rompecabezas, estipulando qué piezas (nuestros amigos y seres queridos) encajan en el espacio limitado del día.

¿Cómo sabemos que es hora de separarnos de las personas? Se van.

Hay personas a las que amamos mucho y han estado con nosotros durante un tiempo, pero si alguien muere o si perdemos el contacto con un amigo, es claramente un mensaje de que es hora de seguir adelante. No quiero sonar tan tajante, pero una vez que procesamos la emoción, esto es lo que nos queda.

Cuando analizamos algunas amistades duraderas, pensamos que deberían durar toda la vida, y algunas lo hacen. Para algunos, una vida podría ser una semana, doce meses, diez años o veinticinco... y, sin embargo, todos estos sucesos son vidas; son «tiempos» durante la vida. Una amistad física con alguien puede terminar, pero eso no significa que haya culminado. Míralo de esta manera: ¿cuál es la diferencia entre la muerte de alguien y perder el contacto al dejar de hablar para siempre con esa persona? Luego, diez años después, escuchas que han muerto y sientes tristeza, pero en realidad no existían de manera corporal en tu mundo porque no los veías ni oías hablar de ellos. Es al enterarte de que murieron cuando sientes el dolor.

NO VER A ALGUIEN EN MUCHO TIEMPO Y ENTERARSE DE QUE HA MUERTO ES EN ESENCIA LO MISMO.

Sí, las posibilidades de verlos frente a ti cuando están muertos son mínimas o nulas (a menos que vayas a un psíquico muy bueno). Aun así, ya sea que los veas de nuevo físicamente o no, siempre estarán en el único lugar donde de verdad estaban: en tu corazón.

Esta forma de ver a las personas se aplica mucho a las amistades. A veces, las amistades se desvanecen. Solía luchar con este concepto. Siempre sentí que necesitaba hacer tiempo para ver a viejos amigos y mantenerme en contacto con ellos. De hecho, recuerdo que si no hablaba con alguien durante mucho tiempo, lo tomaba como algo personal de una manera extraña. Sentía como si me hubieran traicionado de alguna manera si no se habían mantenido en contacto conmigo (aunque yo estaba haciendo lo mismo al no comunicarme con ellos). O, si llamaba a un amigo y él no podía hacer tiempo para mí, me molestaba que no correspondiera.

Luego, de repente, me di cuenta: ¿y si el universo está orquestando con exactitud quién está destinado a estar en mi órbita y quién no? ¿Y si estamos destinados a cruzarnos con las personas adecuadas, cada hora, cada día, a lo largo del año? ¿Qué pasa si el cosmos nos está guiando con sutileza, señalando quién pertenece a nuestra narrativa? Una vez que esta idea se asentó en mí, mis luchas se desvanecieron. Encontré una profunda paz al abrazar este pensamiento, solté la resistencia y le di la bienvenida al flujo de las conexiones de la vida.

Hace poco me alejé de alguien que es como un hermano para mí. Es alguien a quien amo mucho, pero noté que volteaba nuestras conversaciones y comenzaba a quejarse y a contar secretos sobre otras personas. Luché mucho con esto porque es alguien a quien quiero y sé que está tratando de dar lo mejor de sí espiritualmente, además de que trabaja mucho en sí mismo. Incluso le hice saber un par de veces que no quería hablar negativamente de las personas ni escuchar los secretos de los demás. Esto me reafirmó que no quería contarle nada privado mío. Poco a poco comenzamos a salir menos y menos. Quiero aclarar algo aquí. No estoy juzgando a mi amigo por las conversaciones que disfruta tener. Solo estoy muy claro sobre el tipo de conversaciones de las que quiero ser parte. Los temas de conversación son como manzanas y naranjas, solo tienes que descubrir cuáles son de tu agrado.

Al mismo tiempo, aquí es donde debes confiar en el Método CLB. Debemos tener cuidado de no caer en el tren del chisme. En otras palabras, si empiezo a decirle a la gente que no me gusta salir con un amigo porque habla mal sobre otras personas, en esencia también estoy creando rumores. ¿Tiene sentido?

Me comprometí a no decirle a nadie que esta persona y yo no nos estábamos comunicando. No veía el valor en ello. Al principio mi mecanismo de supervivencia primitivo quería que la gente estuviera de acuerdo conmigo para poder sentirme justificado por mis acciones. Pero me di cuenta de que sería más poderoso para mí ser el cambio que quiero ver en el mundo. Si quiero menos chismes en mi vida, este cambio debe comenzar conmigo. No tenía sentido hablar mal de él en nombre de acabar con los rumores. Créeme, fue difícil. Cuando salía con amigos que tenemos en común y me preguntaban por él, tenía que decir: «Es que no hemos conversado en un tiempo; he estado ocupado». Había una parte de mí que quería que otras personas concordaran con mi elección, pero decidí no acabar con su reputación al hablar mal de él.

El otro día le expliqué a un amigo cómo no hablo de los problemas en mi vida excepto con una persona a la que elijo contárselo. Mi amigo respondió: «¿Pero por qué reprimirte y guardar información adentro? Eso no es justo». Y yo le dije que no era represión, sino concientización. Es casi como si te hubieras comprometido a una dieta o a un ayuno y te encontraras con un amigo, y resulta que está en una fiesta donde hay pizza. No le dirías a todos en la fiesta: «¿Por qué yo no puedo comer pizza y tú sí? Eso no es justo. ¿Por qué estás comiendo pizza y yo no?».

EL MÉTODO CLB TE MANTIENE CERCANO CON TUS PROMESAS. DESTRUYE LA SEDUCCIÓN DE LOS SENTIDOS.

Requiere de fuerza de voluntad para romper los patrones adictivos de quejarte, chismear y hablar de las cosas que no quieres en tu vida. Poco a poco, con algo de perseverancia, tu arduo trabajo dará sus frutos y ocurrirá esa transformación mágica. Así como al no comer la pizza perderás peso y alcanzarás tu objetivo de acondicionamiento físico, al ser consciente de tus quejas transformarás la forma en que metabolizas el estrés. Te convertirás en el tipo de persona que, al recibir lo que no quieres, sabrás que eso es lo mejor que podría estar sucediendo. No sentirás resistencia a la vida y cada «no» se sentirá más como un «sí».

Creo que todos tenemos teorías sobre por qué algunas amistades llegan a su fin: la gente se separa, comienzan a salir con alguien nuevo, se mudan y, a veces, incluso mueren. Pero creo que la gente se aleja de nosotros porque su tiempo a nuestro lado culminó. No estoy diciendo que no habrá otro momento en el que reconectemos, porque a veces sucede, pero el tiempo actual juntos ha llegado a su fin. Y no te estreses; tal vez si vuelven a tu vida será bajo circunstancias distintas, donde ambos serán más compatibles emocionalmente.

Es decir, solo tenemos un tiempo determinado en esta vida. Todos estamos navegando por ella y teniendo diferentes experiencias. Si miras tu vida a través de un lente panorámico, tus relaciones se verán más claras en cuanto a cuándo y cómo se suponía que debían suceder.

Hay algo mágico en conservar a los amigos de la infancia, esos lazos de por vida que resisten cada tormenta. Sin embargo, también hay una belleza en conocer a

EL MÉTODO CÁLLATE LA BOCA

alguien nuevo y sentir una conexión instantánea, como si tus almas hubieran sido amigas durante vidas. Estar tejido en la red de una comunidad tiene su propia fuerza, pero estar solo, abrazando tu individualidad, también posee su propia gracia poderosa. Todos los escenarios son tesoros en este viaje de la vida; cada uno ofrece lecciones y alegrías únicas.

Tener fricción con alguien es muy poderoso, ya que nos mostrará esas partes dentro de nosotros que aún necesitan ser sanadas. Por eso nos molesta, porque aún no estamos curados. Las personas que más nos estresan son los verdaderos ángeles en nuestras vidas porque representan la posibilidad de nuestra grandeza y se aseguran de que evolucionemos.

¿Alguna vez has escuchado la historia de los ángeles esperando su turno en el Cielo para ir a la Tierra? Va más o menos así:

En el reino celestial, hay una pausa profunda antes de que las almas comiencen su viaje terrenal. Imagina una reunión donde estas almas, estos seres etéreos, comparten sus deseos terrenales. Piensa en ese momento: un ángel, listo para descender a la vida, expresa su deseo de conocer el amor en su forma más profunda. Otro, levantando con suavidad su mano, se ofrece: «Déjame ser yo» susurra. «Te heriré de una forma tan profunda, que navegar por el dolor exigirá nada menos que la forma más pura de amor de tu parte hacia ambos. Ahí encontrarás el amor más profundo imaginable».

¿No resuena esa narrativa en un nivel profundo y verdadero?

Si lo ves de esta manera, son las personas que nos causan dolor las que de verdad nos ayudan a evolucionar más. Hay mucho disfrute con un amigo, pero un enemigo te hará crecer y traerá situaciones que te ayudarán a expandirte. Un enemigo te permitirá ver tu audacia, patrones, falta de compasión y formas de control.

EL MÉTODO CLB ES PODER MIRAR A LAS AMISTADES QUE HAN CULMINADO Y SABER QUE HAN SEGUIDO SU CURSO PERFECTO.

De hecho, no hay mejor lugar para estar que saber y sentir de verdad que todos dieron lo mejor de sí mismos en una relación.

Perder a mis dos padres fue, en definitiva, el regalo más doloroso que he recibido. Y no hay un momento en el que no lo vea así. Ambos fueron padres increíbles que dieron muchos obsequios hermosos, tanto a mi hermana como a mí. Luego, como ángeles, recogieron sus cosas y se fueron.

Uno de los momentos más surrealistas que he experimentado fue cuando mi papá estaba siendo intubado mientras moría de leucemia. Yo era su donante de células madre, pero, desafortunadamente, su cuerpo ya estaba demasiado frágil para que el tratamiento funcionara.

Nunca olvidaré la última vez que lo vi mientras estaba consciente. Estaba con mi madrastra y mi hermana. Todos rodeábamos la cama del hospital mientras la enfermera le hacía firmar documentos para permitir que el hospital hiciera el procedimiento. Todavía recuerdo la escena como si fuera una película. Mi papá tenía la familia a su alrededor, pero no importaba. Este era un viaje que tenía que hacer solo. Ese momento transformó mi vida para siempre; por triste que fuera, me dio la libertad definitiva para vivir. Ya no pienso que mi vida será menos completa si no construyo una familia. Solía pensar que lo peor en la vida sería morir solo. Pero, justo ahí, me di cuenta de que la muerte es un viaje que todos tenemos que hacer por nosotros mismos. Desde ese momento, me he sentido plenamente completo, ya sea con una pareja o no. Ese fue el último regalo que me dio mi papá: la comprensión de que la plenitud es algo que puedo tener en cualquier momento.

Soy muy afortunado de haber extraído la lección más valiosa posible de la transición de mis padres: que este mundo no es real. Lo que quiero decir con eso es que ya no puedo oler a mi mamá, no puedo verla y no puedo tocarla. Puedo ver algunos videos y mirar las fotos, pero ella ya no está aquí. Si ese no es el mayor recordatorio de que este mundo no es real, no sé qué lo es.

Así que, dicho esto, la vida lo simplificará todo para ti. Y eso está más que bien, en realidad es perfecto. A veces siento que la vida es solo una gran preparación para la muerte. Nacemos y tenemos que dejar ir a amigos, padres, a nuestra juventud y, más adelante, a nuestras vidas. Entonces, toda la experiencia de la vida resulta ser una gran preparación para la muerte, el acto final de dejar ir. Mientras nos preparamos para este dejar ir, celebremos a nuestros amigos, aquellos que vinieron y se fueron (porque todos vendrán y se irán). Subamos el volumen a todos los buenos momentos, a las risas, y bajemos el volumen a cómo terminan las cosas. Honremos todas las experiencias como parte de lo divino, por lo increíbles que fueron. La vida es un regalo; seamos conscientes de eso.

CAPÍTULO 7

¡CÁLLATE!
LITERALMENTE

EL ÉXITO NO OCURRE POR
CASUALIDAD. SE TRATA DE
MANTENERSE ENFOCADO,
TRABAJAR DE MANERA
CONSTANTE Y NEGARSE A
RENDIRSE, SIN IMPORTAR
LOS DESAFÍOS QUE SE
PRESENTEN.

— TAREK EL MOUSSA

Era una hermosa tarde de domingo, el momento perfecto para ir a una barbacoa con mi amigo Brian. Se me ocurrió que una botella barata de Chardonnay sería lo ideal para llevar, y conocía el lugar perfecto donde conseguirla: mi 7-Eleven local. Entré al estacionamiento y le dije a Brian, quien estaba en el asiento del pasajero, que esperara cinco minutos mientras entraba y salía. Él aceptó (y con eso quiero decir que me ignoró mientras seguía enviando violentamente correos electrónicos en su iPhone).

Entré en la tienda, encontré el Chardonnay y me dirigí directo hacia el cajero. Justo antes de llegar al mostrador, una anciana se metió de lleno delante de mí, miró al cajero y dijo: «Creo que tengo un cupón aquí para todo». Y yo pensé: «MALDITAAAAA». Todos hemos pasado por eso.

Lo que se suponía que sería un recado de cinco minutos se estaba convirtiendo en uno de media hora. No podía creerlo. Incluso llegó al punto en que la anciana y el cajero estaban discutiendo sobre el color de una botella que estaba comprando. El cajero dijo: «Voy a ir a la parte de atrás para asegurarme de que el precio sea correcto». Cuando salió de su puesto, grité: «¡Yo pago por todo!» Todos en la tienda me miraron como si fuera un loco. En ese instante, me di cuenta de que era el momento de rendirme. Esta era mi práctica espiritual. No me estaba pasando a mí, estaba pasando para mí. Respiré hondo y esperé hasta que llegó mi turno.

Después de que por fin pagué, habían pasado treinta minutos. Me subí al coche y Brian todavía estaba escribiendo su correo electrónico. Ni siquiera había notado que me había ido durante media hora.

¿Qué crees que quería hacer cuando me subí al coche? Quería contarle a Brian sobre la anciana que se metió delante de mí y cómo me quedé atrapado en un infierno de 30 minutos en mi 7-Eleven local y bla, bla, bla.

Pero en ese momento tuve una gran revelación. Contarle la historia hubiera sido comportarme como un adicto consumiendo una dosis de drogas. Mi cuerpo estaba tan enganchado a esa montaña rusa emocional que quería revivir la situación y sentir todos esos químicos energizantes, pero estresantes, una vez más. Pero algo dentro de mí sabía que, si le contaba esa historia, solo perpetuaría mi estrés. Me estaba encontrando cara a cara con mi adicción a quejarme.

Esta vez, en lugar de eso, decidí sonreír a mi amigo. Puse mi mano derecha en el volante, encendí el coche y susurré: «Vamos». Y así, en ese momento, el adicto emocional que había en mí fue a rehabilitación en lugar de ceder a mi adicción a quejarme.

HEMOS NORMALIZADO QUEJARNOS, ES UNA NORMALIDAD CULTURAL EN NUESTRA SOCIEDAD.

Es como si obtuviéramos una estrella dorada en la interacción humana. No hay nada de malo en quejarse, pero, ¿y si supieras con certeza que al hacerlo obtienes más de aquello de lo que te quejas? ¿Lo seguirías haciendo? Por cierto, esto no quiere decir que si vas a un restaurante y te sirven el plato erróneo, no le digas al camarero que cometió un error. Esto es diferente. Sí, expresa que te sirvieron el plato incorrecto y cámbialo yendo a la fuente indicada. El tipo de queja del que estoy hablando es cuando vas por ahí diciéndoles a varias personas que te sirvieron el pedido equivocado y que siempre te sirven el pedido equivocado y así sucesivamente.

Tú eres el observador. La física cuántica, la ciencia de la posibilidad y la probabilidad, enseñan que a través de la observación ponemos energía en las cosas. Cuando observamos las cosas, estas crecen.

Lo entiendo, tenemos que vivir una vida donde no observamos solo las cosas que nos gustan o que queremos experimentar. No hay nada de malo en eso. Estoy hablando de la obsesión que tenemos con parlotear sobre las cosas que no queremos. No es tanto que lo que vemos sea un problema. El problema es nuestra constante atención y narración de lo que no deseamos.

Vamos a sacar esto del ámbito conceptual y a aterrizarlo en algo en lo que todos podamos concordar que no queremos ver en este mundo. Hablemos de la falta de vivienda.

Trabajo con la organización *Hollywood Food Coalition*, y alimentamos a la comunidad sin hogar en el área de Los Ángeles. Si tuviera pensamientos constantes de lástima y conversaciones sobre lo horrible que son las vidas de estas personas, sería un gran perjuicio para mí y para ellos.

La narrativa que elijo decirme a mí mismo es que, aunque esto está lejos de ser una condición ideal, estas personas están haciendo lo mejor que pueden. Gracias a ellos, tengo perspectiva sobre mi propia vida y lo que creo que falta en ella. Gracias a ellos, puedo ser mi yo más servicial, aunque sea solo por un par de horas a la semana. Gracias a ellos puedo servir una comida a alguien que en realidad la necesita.

Podríamos observar cualquier cosa en la vida y darle la narrativa correcta para inspirarnos, sin importar qué sea. Ahora, eso no significa que yo esté a favor de la falta de vivienda o que no piense que hay algo mal cuando las personas no tienen un techo sobre sus cabezas. Pero crear un contexto empoderador sobre algo que la mayor parte del mundo cree que es lo peor que podría sucederles es un verdadero poder. Tener la potestad personal de elegir una narrativa y no ser víctima de nuestro entorno, en este caso, ver la falta de vivienda, es la verdadera libertad.

Volvamos al ejemplo anterior de la compra de la botella de Chardonnay. Todos hemos estado en una situación en la que teníamos una idea clara de cómo algo iba a ser un viaje rápido y, de repente, se convirtió en un calvario mucho más largo.

Si le hubiera contado a mi amigo Brian la historia, no habría sido algo tan horrible. Pero la conclusión a la que llegué cuando volví al carro fue que no quería revivir esa situación estresante de nuevo. Al contar esa historia (y poner energía detrás de esa situación de nuevo), la mantendría energéticamente activa para que pudiera suceder una vez más. No valía la pena, así de simple.

La fascinación humana por hablar de lo que no queremos es rampante. Algunos dirán que está vinculada a nuestro instinto de supervivencia. Es como si, al hablar de eso que no quiero que vuelva a suceder, me aseguro de que no suceda de nuevo. Pero pasa lo contrario. Hablar de cualquier tema una y otra vez mantiene esa energía viva. Entonces, es solo cuestión de tiempo hasta que eso se repita. Es como cuando seguimos mencionando a alguien y luego lo vemos. ¿Qué pasaría si estuviéramos atrayendo energéticamente aquello sobre lo que ponemos nuestra atención?

¿NO QUERRÍAMOS PONER ATENCIÓN SOLO EN LAS COSAS DE LAS QUE QUEREMOS MÁS EN NUESTRAS VIDAS?

Sé que muchas personas trabajan en negocios que se tratan de ayudar a nuestro prójimo y ven todo el tiempo cosas que no necesariamente quieren experimentar. Es entonces cuando vuelvo a la conversación sobre el contexto empoderador. Elige la narrativa que quieres dar a todas tus experiencias. Bienvenido a una vida pacífica.

CAPÍTULO 8

HABLA CON PROPÓSITO

VIVIR AUTÉNTICAMENTE
SE TRATA DE SER FIEL
A TI MISMO Y NO DEJAR
QUE LAS REGLAS DE
LA SOCIEDAD O LAS
EXPECTATIVAS DE LOS
DEMÁS TE DETENGAN.
VIVE ORGULLOSO DE
QUIEN ERES, MUESTRA TUS
VERDADEROS COLORES
Y VIVE TU VIDA CON
VALENTÍA.

— STUART O'KEEFFE

Al profundizar en el Método CLB, notarás un curioso cambio: algunas personas cercanas a ti podrían comenzar a alejarse poco a poco. Es una epifanía impactante, lo sé. Sin embargo, en este proceso emerge una energía transformadora. Tu apreciación por tu entorno se intensifica y te vuelves consciente de la energía que permites en tu espacio personal. Esto no se trata de pérdida; se trata de refinar tu entorno para que resuene con tus valores más profundos y para encontrar paz en el mundo que te rodea.

Una vez que el Método CLB de verdad comenzó a apoderarse de mi vida, algunas personas empezaron a desaparecer. Gente a la que amaba y todavía amo mucho. Las personas que no vibran con pensamientos positivos y que de manera constante hablan con negatividad, desaparecerán de tu vida.

Tenía un amigo cercano que no dejaba de hablar de los demás cuando nos reuníamos. La cuestión es que abordé esto con él un par de veces y no se detuvo. Una vez más, no estoy en el negocio de tratar de cambiar a las personas; estaba más interesado en averiguar si había un lugar para él en mi vida.

Hubo un giro increíble en esta historia. Lo que no veía era que estaba creando quién era mi amigo a través de mi percepción de él. Al juzgarlo por ser «negativo o chismoso» estaba fijando esas partículas para que él se mostrara de esa manera. Además, estaba experimentando mi falta de compasión y empatía al querer que él fuera diferente, o incluso asumir que tenía la capacidad de ser diferente. Decidí tomar un descanso físico de él por un tiempo y dejar que lo desconocido se desarrollara.

En el momento en que solté mi control sobre cómo debía ser él y cómo debían ser las cosas entre nosotros, nuestros caminos convergieron una vez más. Esta vez, sentí que se había transformado. Ya no era la persona que se deleitaba en la negatividad y los rumores. Es fascinante, ¿no? Cómo soltar no solo me liberó a mí, sino que de alguna manera abrió la puerta para que él se mostrara de manera diferente.

EMPIEZA A PENSAR EN TUS PALABRAS COMO HECHIZOS. SI TE VUELVES MÁS CONSCIENTE DE LO QUE DICES, SOLO HABLARÁS SOBRE COSAS EDIFICANTES.

Verás cómo tomarán poder tus palabras empoderadas, tu confianza en el camino y en el proceso; y vivirás la vida de tus sueños. ¡Está garantizado! ¡Tu vida es un viaje increíblemente alegre! Serás consciente de eso.

CAPÍTULO 9

ABRAZA LO DESCONOCIDO

CERRAR CAPÍTULOS DE LA VIDA NO SE TRATA DE OLVIDAR EL PASADO, SINO DE ABRAZAR LAS LECCIONES QUE NOS ENSEÑÓ Y AVANZAR CON NUEVA SABIDURÍA Y FORTALEZA.

– *BRITTNY GASTINEAU*

Mi amigo Sebastián me acababa de enviar una grabación de audio de Alan Watts. En caso de que no estés familiarizado con quién es él, fue un increíble maestro espiritual fuertemente influenciado por el budismo. Habló sobre lo que es el tema más tabú: la muerte. Después de que mis padres fallecieron, la muerte tomó un papel fundamental en mi vida. Ese papel no era uno deprimente y ominoso, sino que, dado que no tenía otra opción que enfrentar la muerte, quería aprender todo lo que pudiera sobre ella y aprovecharlo al máximo.

Yo tenía una amiga hermosa llamada Laraine que falleció de cáncer hace unos años. Justo antes de morir, me dijo: «Nadie sabrá cómo vivir hasta que acepte con plenitud que va a morir». Creo que la mayoría de la gente se acerca a la vida pensando que, si nunca se habla de la muerte, tal vez nunca llegará. Es casi como si, al no mencionarla, alguien de repente notará que todavía estás vivo y dirá: «¡Oye! ¿No tienes como 120 años?»

Creo que hay una correlación entre la enfermedad mental y la incredulidad en algo más después de esta existencia. Hay mucho más en la vida que solo conseguir un trabajo, hacer ejercicio, cuidar de tu familia, hacer obras de caridad y todas las demás obligaciones sociales. Lo que quiero decir es que, si no crees que hay más que solo esta vida, eso no es bueno porque sabes cómo termina todo.

Por cierto, no estoy diciendo que debas creer en algo en particular. Opino que todas las creencias son perfectas porque son tuyas. Estoy diciendo que, si de verdad crees que este plano es todo lo que hay y que no hay nada después, por supuesto que te asustarás cuando las cosas no estén funcionando. ¿Y qué significa «funcionar»? Significa alcanzar los estándares que supuestamente debe cumplir tu vida para considerarse exitosa.

ACEPTAR LA REALIDAD DE NUESTRA PROPIA MORTALIDAD ABRE LA PUERTA A UNA EXPERIENCIA SATISFACTORIA Y SERENA.

No estoy tratando de deprimirte haciendo que te obsesiones con un tema sombrío. Pero seamos realistas, esta vida... es todo lo que en verdad conocemos. Imagina, solo por un segundo, si el mañana nunca llegara para ti. ¿Querrías que tus últimos momentos estuvieran nublados por preocupaciones sobre las cuentas, la casa de tus sueños que nunca podrás llevar contigo, la juventud que se escapa o cualquiera de las cosas materiales que, al final, se quedan aquí mientras tú sigues adelante? La verdad es que ninguna de estas cosas nos acompaña en la siguiente aventura. Entonces, ¿por qué no vivir con plenitud, sin el peso de las cosas que no podemos retener para siempre?

No estoy diciendo que seas descuidado. No sé cuántas pruebas necesitas de que nuestra vida es efímera y de que nunca sabremos cuándo se acabará nuestro tiempo. Irónicamente, no tomarse las cosas tan en serio es lo que te hará tener éxito. ¡Ninguno de nosotros saldrá de aquí con vida, nadie! Necesitamos comenzar a celebrar todos juntos la muerte, en lugar de demonizarla. Muchas culturas orientales la celebran. Mi esperanza es que, poco a poco, el mundo se vuelva menos temeroso de ella. La muerte es la cosa más inevitable del mundo. Y es algo hermoso una vez que dejamos de luchar contra su realidad.

Ahora, mientras estamos aquí, celebremos la vida. Sé bueno contigo mismo, con tu cuerpo, con tus vecinos y con el mundo. Pero no te equivoques, cuando sea el momento de irse, es el momento de irse. Vivir la vida sabiendo que no es eterna te ayudará a no malgastar ningún momento. Cuando creemos que nuestra experiencia humana es finita, seremos más amables con todos y con todo.

Lo diré de nuevo: sé bueno contigo mismo. Usa el Método CLB y habla sobre lo que deseas manifestar en tu vida. Mantén la boca cerrada sobre lo que no quieres. No prestes demasiada atención a lo negativos. Si sigues estas reglas, pronto verás que tu vida es una de ensueño.

CAPÍTULO 10
TÚ CONTROLAS LA NARRATIVA

LA VIDA ES UN VIAJE LLENO DE GIROS Y VUELTAS, PERO EN ÚLTIMA INSTANCIA, NOSOTROS SOSTENEMOS LA PLUMA DE NUESTRA PROPIA HISTORIA. AL TOMAR EL CONTROL DE NUESTRAS ELECCIONES, ACTITUDES Y ACCIONES, TRAZAMOS EL CAMINO HACIA NUESTRO PROPIO DESTINO.

– HEATHER MCDONALD

El Método CLB tiene muchos beneficios increíbles cuando comenzamos a usarlo de manera consistente. Una vez que este método se cimente en ti, empezarás a notar que controlas la narrativa en todo.

No estoy diciendo que de repente verás a tu jefa como un ángel cuando has tenido conflictos con ella durante los últimos diez años. Tienes permiso total para verla como quieras en tu mente. La diferencia ahora es que serás consciente y la describirás de la manera en que quieres que sea. Además, cuando tengas un conflicto con tu jefa, puedes elegir a una persona y contarle sobre la situación. Dile que es la única persona que va a escuchar tu queja. Esto creará una fuerte conexión entre ustedes.

Tampoco estoy diciendo que te reprimas, pero ¿de verdad crees que quejarte de tu jefa con varias personas hará que la situación desaparezca? ¿O crees que fortalecerá y empeorará la situación energéticamente? Adivinaste... es lo segundo.

De nuevo, no te vuelvas loco; no te estoy diciendo que no lo pienses. Te estoy diciendo que no lo digas en voz alta a nadie más que a esa única persona. Recuerda, siempre piensa en las palabras como hechizos. Las palabras son demasiado poderosas como para no ser tomadas en serio.

Una vez tuve una situación con una amiga en la que nos alejamos. Fue muy poderoso porque comprendí el motivo por el que ella ya no podía seguir a mi lado. Me puse en su lugar y la entendí del todo. No quería contárselo a nadie, pero sentí que necesitaba relatárselo a alguien de confianza. Llamé a un par de personas, pero nadie contestó. Al fin, mi amiga Carolina me devolvió la llamada, y se lo conté. Le dije al principio de la conversación que solo le contaría a una persona sobre esta situación y que ella era la elegida. Esto creó un vínculo poderoso entre Carolina y yo. Pude darme cuenta de que ella estaba feliz de haber sido mi única confidente. Me sentí muy bien teniendo a alguien que me diera un espacio seguro para poder expresar mis pensamientos. Después de colgar, otra amistad me devolvió la llamada, y le dije que ya lo había resuelto. Solo necesitaba a una persona para acompañarme en este viaje. Estaba bien.

ME ENCANTÓ ESTAR PRACTICANDO LO QUE PREDICO Y SENTIR LOS BENEFICIOS DEL MÉTODO CLB.

Esto nos remite a cuando mencioné que todos tenemos adicción a nuestros estados emocionales. Nuestros cuerpos siempre querrán recalibrarse a formas similares de sentir. El estrés que sentimos en se ha vuelto adaptativo y lo anhelamos de forma inconsciente. Esto significa que atraeremos energéticamente a personas que nos ayuden a detonar estados emocionales similares.

De nuevo, no hay nada de malo en esto, pero nos mantiene atrapados en patrones que quizás no nos gusten. ¿No has notado que tus problemas con las personas se repiten? Reconocer estos patrones no es suficiente para hacerlos desaparecer. Pero la buena noticia es que tengo una solución simple que funcionará para ti:

¡CÁLLATE LA BOCA!

Te estoy diciendo que funciona. Siéntete libre de pensar que tu jefa es el diablo encarnado. Solo deja de decirlo en voz alta.

Te escucho protestar: «Pero necesito desahogarme. No puedo guardarlo dentro». ¿En serio? Bueno, ¿cuántas veces necesitas desahogarte? Cuando lo haces, no estás resolviendo la situación. Básicamente estás obteniendo una «dosis» al hablar de ello con alguien. Como cualquier droga, una vez que se acaba, obtendrás un descanso por un par de horas, tal vez un poco más. Pero luego, antes de que te des cuenta, esa situación con tu jefa vuelve a surgir, esta vez disfrazada de tu suegra, y experimentarás la misma emoción de nuevo.

Como experimento, solo cállate cualquier narrativa que no sea lo que quieres ver en tu jefe. Prueba esto y dale una semana. No creerás los milagros que experimentarás; ¡será pura magia! Si hay decisiones que deben tomarse con respecto a tu superior, manéjalas y no hables de ellas con nadie más que con esa única persona que has elegido.

CAPÍTULO 11

HABLA LIMPIO

CUANDO NOS VOLVEMOS MÁS CONSCIENTES DE NUESTRAS PALABRAS, GANAMOS PODER SOBRE NUESTRA REALIDAD. CADA PALABRA QUE PRONUNCIAMOS ES UN REFLEJO DE NUESTROS PENSAMIENTOS, CREENCIAS E INTENCIONES, Y MOLDEA EL MUNDO QUE EXPERIMENTAMOS.

– DR. JOE DISPENZA

Hemos dominado el arte de comer limpio. Pero, ¿qué pasa con un hábito que es igual de importante? ¿Qué pasa con hablar limpio?

Hace poco, me encontré con un amigo mío, un compañero escritor que navega por los altibajos del mundo del entretenimiento. Estaba entusiasmado por un gran logro: consiguió representación con una de esas agencias de talentos de alto perfil que hacen de Los Ángeles la fábrica de sueños que es. Mientras compartía las ventajas de su nuevo triunfo, sentí un cambio familiar en la marea de nuestra conversación; ese momento en que el brillo inicial se apaga y emerge el «pero». Efectivamente, pasó a expresar sus reservas sobre el hábito de Hollywood de dar luz verde a proyectos solo cuando hay un nombre destacado en el elenco. Concordamos en que, en su esencia, el mundo del entretenimiento es un negocio. El poder de las estrellas, con su capacidad garantizada para atraer a la audiencia, a menudo se convierte en el ingrediente crucial para que un proyecto pase de guion a pantalla.

No hay nada de malo en esta conversación. Si la tuviéramos frente a otras diez personas en Los Ángeles, todos estarían de acuerdo en que así es como funciona la industria. Pero aquí está el problema: Por inocente y «factual» que parezca esta charla, en definitiva, podría tenerse de manera más limpia. Lo que quiero decir con eso es que nuestro intercambio de los obstáculos del mundo del entretenimiento va a mantenerlos en su lugar.

Recuerda, tenemos que empezar a adquirir el hábito de narrar la vida como queremos que sea, no como reporteros describiendo lo que vemos. Incluso si todo el mundo habla sobre las trabas muy reales de la industria, necesitamos hablar limpio sobre cómo queremos que sean las cosas.

Una forma alternativa de hablar sobre este tema sería: «Me encanta armar proyectos en Los Ángeles porque es como una divertida búsqueda del tesoro que hace que las cosas florezcan. Este es un negocio de arte y comercio, y mi objetivo es seguir creando un producto increíble y combinarlo con formas poderosas de difundir el mensaje. Quiero hacer arte que sea visto por muchos para que toque tantos corazones y almas como sea posible».

La forma en que narramos las historias que vivimos creará nuevas vías cerebrales, y de manera subconsciente, comenzaremos a atraer todas las cosas que queremos. Piensa, el subconsciente maneja el 95 % de todo lo que nos sucede. Hablemos limpio de forma activa, para fomentar el hábito de crear mejores posibilidades en nuestras vidas.

A medida que mantenemos el hábito de hablar limpio, nos encontraremos con personas que pueden llevar nuestros objetivos al siguiente nivel. Tal vez tu vecino sea un gran patrocinador de cine, y debido a que siempre recoges sus cubos de basura, financiará tus películas. Sabes a lo que me refiero. Las posibilidades son infinitas. Nuestros sueños pueden hacerse realidad si somos conscientes de cómo contamos las historias de nuestras vidas.

EL MÉTODO CLB NO TE HARÁ SILENCIOSO, SINO QUE TE HARÁ CONSCIENTE.

Empezarás a desafiar convencionalismos que te han mantenido limitado en el pasado. Al principio, esto puede sentirse antinatural, pero después de un tiempo, toda la reprogramación cerebral dará sus frutos.

CAPÍTULO 12

AUMENTA LA COMPASIÓN

LA COMPASIÓN ES EL LENGUAJE DEL ALMA. NOS CONECTA CON EL CORAZÓN DE OTRO, RECORDÁNDONOS NUESTRA HUMANIDAD COMPARTIDA Y EL PODER DEL AMOR PARA SANAR Y ELEVAR.

– ABRAHAM HICKS

El otro día estaba almorzando con mi amigo Matt y me contó que siente que su relación con su madre se está deteriorando. Su madre siempre le pregunta qué está haciendo y él siente que ella está tratando de espiarlo. Está atrapado entre la responsabilidad de hablar con ella y la frustración por lo que ella dice.

Cuando comienzas con el Método CLB, tomará un momento antes de que todo se vuelva automático. Te juro que llegará un punto en el que nada te afectará, o las cosas te afectarán mucho menos y por menos tiempo. Pero, mientras tanto, aumentar la compasión es el truco definitivo.

Cuando digo aumentar la compasión, solo te invito a considerar que nunca sabrás lo que está pasando con alguien más que contigo mismo. No sabes con qué genética vienen los demás (incluso si estás emparentado con ellos). No sabes qué traumas están cargando, ni qué mecanismos de defensa tienen. De hecho, no sabes nada. Esto por sí solo debería llevarte a insertar compasión en cualquier situación.

Aumentar la compasión no significa estar de acuerdo con lo que la persona está haciendo o con lo que está pensando. Se trata de interiorizar el hecho de que no estás en su cuerpo y no tienes ni idea de lo que le está pasando. ¡Eso es todo! A menudo, queremos hacer que, inmediatamente, alguien más esté equivocado por lo que está haciendo si no estamos de acuerdo con ello. Pero cuanto más uses el Método CLB con atención plena, más fácil será resistir ese hábito.

Te invito a observar la ciencia detrás de todo esto (ya sea que te guste la ciencia o no). Pensemos en la tecnología por un segundo. Si analizamos, la mayor razón por la cual se crea la tecnología es para simplificar nuestras vidas y crear eficiencia. Esto significa que lograremos más haciendo menos trabajo. A medida que avanza el tiempo en este planeta, parece que mejoramos nuestra tecnología en todas las diferentes industrias.

Recuerdo un estudio de hace unos años que decía que hemos progresado más en los últimos veinte años que en los últimos cien años. Con la creación de computadoras e inteligencia artificial (IA), veremos un salto aun mayor en el desarrollo tecnológico. La IA nos permite ser super efectivos al hacer el trabajo de miles de personas con una sola máquina.

Considera que el cerebro humano es el activador tecnológico más increíble, no solo por lo que puede hacer de manera creativa al imaginar cosas nuevas, sino por la misma naturaleza de cómo opera. El cerebro ha encontrado una forma de ahorrar energía y ser más productivo: descubrió cómo usar menos energía para reciclar viejos pensamientos. El único problema es que la mayoría de los que recicla son de supervivencia como: «El mundo es peligroso», «La vida es injusta» y «No soy lo suficiente bueno». De esta forma, el cerebro reserva energía al no crear nuevos pensamientos, en esencia, ahorrando combustible. Dado que la mayoría de nuestras reflexiones son sobre la supervivencia, estamos entreteniendo alrededor de 70,000 de ellas por día. No hay nada de malo en eso, excepto que estamos viviendo nuestras vidas en círculos.

NUESTRO TRABAJO ES CREAR EL MEJOR *BIOHACK* PARA EL CEREBRO.

¿Qué significa esto? Debemos obligar a la mente a pasar por el crecimiento incómodo de ponderar ideas que no estén relacionadas con nuestra supervivencia. Debemos hacer de este tipo de razonamientos la nueva normalidad para el cerebro.

Los seres humanos nacen con instintos y deseos de supervivencia. También nos enseñan otros más. Recuerdo que, de niño, la oscuridad me aterrorizaba. Dormía en el suelo de la habitación de mi mamá porque estaba asustado de estar solo en la oscuridad. También recuerdo que me encantaban las películas de terror cuando era pequeño. Así que no puedo decir con certeza si aprendí a tener miedo de la oscuridad o si venía genéticamente cableado así. Creo que fue una mezcla de ambos. Veo esto ahora con mi sobrina de ocho años. Tiene miedo de la oscuridad, aunque sé que mi hermana ha tenido mucho cuidado de no mostrarle películas de horror. Nadie le enseñó a mi sobrina a estar asustada de la oscuridad; vino cableada con eso. ¿Podría ser que instintiva y genéticamente llevemos la información que le dice a nuestras células que los depredadores salen por la noche? Recuerda que es probable que algún ancestro nuestro haya sido devorado por un depredador. Lo sé, qué triste.

¿Cómo hackeas el cerebro para proyectar pensamientos positivos y no de lucha o huida? Le das dos golpes seguidos. ¡Lo saturas con una meditación que reconfigure tu mecanismo de supervivencia y te callas la boca!

Al guardar silencio, estás «poniendo tus horas de gimnasio», por así decirlo, flexionando tu fuerza de voluntad. Es como cuando estás a dieta y todos a tu alrededor están comiendo pizza, y tú la rechazas y dices: «No, no quiero, estoy bien». Así de poderoso te volverás. Después de un tiempo, tu cerebro estará súper adiestrado en el Método CLB ya que has invertido tiempo en entrenarlo. Se ha dicho que se necesitan 10,000 horas para perfeccionar una habilidad a través de la práctica. No necesitas 10,000 horas del Método CLB, pero sí toma algo de práctica para que se vuelva automático.

He estado implementando el Método CLB, y te diré, es increíble lo automático que se ha vuelto mantener mi sistema nervioso en paz en todo momento, sin importar qué. El otro día estaba en el aeropuerto cuando cometí un error y salí de la terminal, así que tuve que pasar por el control de seguridad de nuevo. Estaba hablando por teléfono con mi hermana y me distraje. Le dije que necesitaba colgar para prestar atención a lo que estaba haciendo. Todavía estoy impresionado por lo rápido y automático que entré en modo de solución sin agregar ningún drama. Volví rápido a la línea de seguridad, sin resistencia. Sé que esta es solo una pequeña historia tonta, pero el verdadero triunfo aquí es que dos resultados increíbles surgieron simultáneamente de esta situación. Primero, no hubo necesidad de agregarle cualquier posible estrés a mi hermana al decirle que algo estaba mal. Segundo, entré en el flujo de resolver el problema sin hacerme mal, maldecir al aeropuerto ni condenar a quien lo diseñó. El efecto acumulativo de vivir una vida en flujo se sumará, y antes de que te des cuenta, caminar sobre el agua será algo natural.

CAPÍTULO 13

DISFRUTA DEL SILENCIO

CREO QUE LA ÚNICA
MANERA DE LIBERARSE
REALMENTE DE LOS
PATRONES REPETITIVOS
ES A TRAVÉS DE LA
AUTOCONCIENCIA
Y DE LA ELECCIÓN
CONSCIENTE. RECONOCE
LOS PATRONES, APRENDE
DE ELLOS Y ELIGE
ACTIVAMENTE UN CAMINO
DIFERENTE.

– LEWIS HOWES

Ahora que has aprendido la ciencia detrás del Método CLB, espero que entiendas lo importante que es seguirlo para NO repetir el pasado. Si quieres entrar en una nueva realidad, tienes que esbozar pensamientos diferentes. Tienes que privar al cerebro del poder verbal y energético de las palabras que no quieres usar. Piensa en ti mismo como un adicto a la heroína. No estoy bromeando. Para poder conseguir una dosis, necesitas dos cosas: la heroína y la aguja. Tener el pensamiento es la heroína, y decirlo en voz alta es la aguja. Si usas el Método CLB, ya no tienes la aguja y no puedes consumir la heroína. Como consecuencia, te desintoxicarás hasta que al fin estés libre de la droga de quejarte.

En este escenario, nuestro vicio es la avalancha de pensamientos orientados hacia la supervivencia. Esta nos atrapa en los ciclos repetitivos de la existencia y en las realidades en bucle. Estos pensamientos se manifiestan en creencias como: «La suerte nunca está de mi lado», «Es un mundo peligroso», «Mi madre no me escucha» o el debilitante «No soy lo suficientemente bueno». Pero imagina llegar a un punto en el que estás «limpio» de estas limitaciones autoimpuestas, donde estos mantras de supervivencia ya no dictan el guion de tu vida. No se trata de conseguir todos los deseos que están en tu lista; es algo mucho más profundo. Te encontrarás en un estado de paz sin importar lo que la vida te depare.

LO IMPORTANTE NO ES CONSEGUIR LO QUE QUIERES, SINO QUERER LO QUE TIENES. ENCONTRARÁS SATISFACCIÓN Y PROPÓSITO EN CADA GIRO Y VUELTA DE TU VIAJE.

En resumen, el Método CLB no solo te ayudará a cambiar tus patrones de pensamiento, sino que también te permitirá vivir una vida más plena y consciente. Al abstenerte de verbalizar pensamientos negativos, estarás rompiendo el ciclo y creando un espacio para nuevas y positivas realidades. Estarás en camino hacia una vida de mayor serenidad y, feliz, abrazarás cada momento con gratitud y propósito.

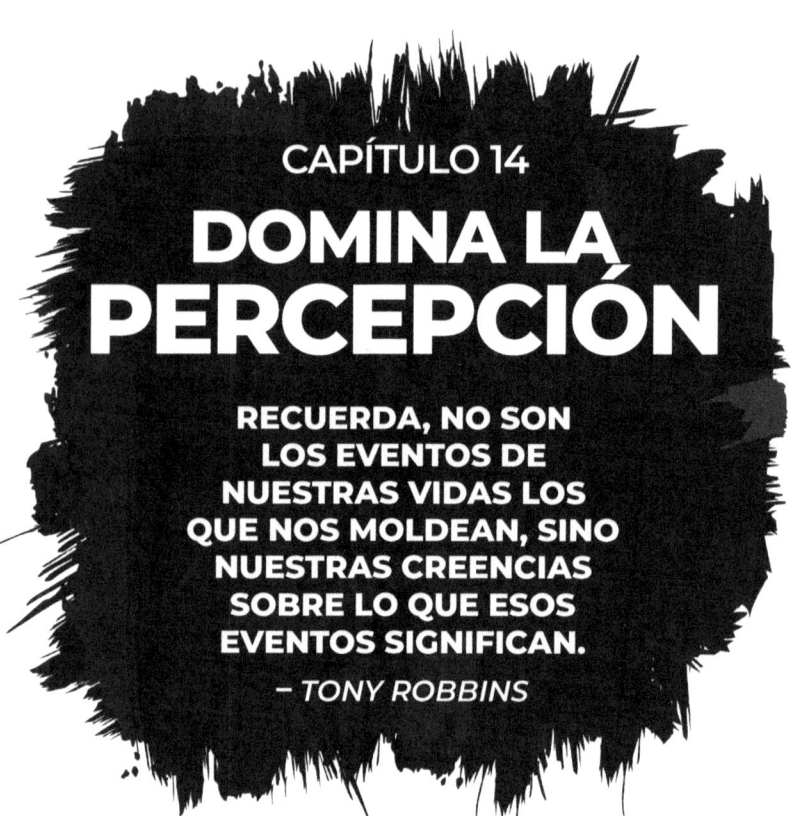

CAPÍTULO 14

DOMINA LA PERCEPCIÓN

RECUERDA, NO SON LOS EVENTOS DE NUESTRAS VIDAS LOS QUE NOS MOLDEAN, SINO NUESTRAS CREENCIAS SOBRE LO QUE ESOS EVENTOS SIGNIFICAN.

– TONY ROBBINS

Cuando era niño, estaba obsesionado con tener poderes para mover la materia. Recuerdo ver películas como *La montaña embrujada* y *Carrie,* y siempre pensaba en lo increíble que sería controlar los objetos con la mente. Con el trabajo en el campo cuántico que he realizado a lo largo de mi vida, he tenido resultados increíbles manipulando la materia a través de la energía; aunque aún no lo he hecho como en las películas, donde ves a la persona mirando algo y moviéndolo por la habitación. Todavía.

Hay un dicho antiguo que dice: «Cuando cambias la forma en que miras las cosas, las cosas que miras cambian». Creo en esto con firmeza. Dado que somos los observadores y este mundo existe a través de nuestras creencias, ¿qué tal si comenzamos a observarlo como queremos verlo? Dado que el tiempo es una construcción de la condición humana, siempre estamos en el eterno AHORA. El pasado se ha ido, y el futuro no existe ¿Podría ser que, ya sea que algo suceda ahora o más tarde, dé igual?

El otro día, un conductor de *Uber* me llevaba al aeropuerto. Era un amable hombre negro que se mudó desde África a Los Ángeles cinco años atrás. En su opinión, *Uber* estaba aprovechándose de los conductores al pagarles menos de la mitad de lo que les cobraban a los clientes. Lo escuché y pensé: «Me pregunto cómo podría compartir el Método CLB y además ser generoso con él al dejarle contar su historia». Dado que he estado practicando el Método CLB durante un tiempo, mi reacción instintiva de ser «la policía del Cállate La Boca» es menor. Dejar que las personas sean quienes son es la máxima expresión de amor y generosidad.

Mientras charlábamos, me preguntó sobre mis raíces y le compartí que soy de Venezuela. Por lo general, mencionar a Venezuela abre las compuertas a discusiones sobre las luchas de la nación, su danza con el caos y las tormentas sociales y políticas. Pero esta vez, decidí dirigir la narrativa de manera diferente. En lugar de hacerme eco de las sombras que a menudo cubren las conversaciones sobre mi país natal, destaqué su belleza y mencioné con suavidad que han pasado años desde mi última visita. Cuando el chofer comenzó a hablar sobre el expresidente de Venezuela, a menudo culpado por acelerar los males del país, hice una pausa. Reflexioné por un momento. Mi respuesta fue la siguiente: «Veo al último presidente como una manifestación de las grandes consecuencias de los actos del país, un capítulo en su compleja historia. Cómo terminará la historia en el viaje de Venezuela, solo el tiempo lo dirá».

Pude notar que mi respuesta conmovió al conductor. Creo que encontró una manera de relacionar su propia experiencia de migración con la mía. Me preguntó qué religión practicaba y le dije que se callara la boca (estoy bromeando). Le comenté que vigilo muy de cerca lo que digo. Continué diciéndole: «Algunas de las peores cosas que nos han pasado a todos resultaron ser, con el tiempo, las mayores bendiciones. Solo cuando miramos hacia atrás con una perspectiva panorámica vemos la causa y el efecto de cualquier situación y cómo todo tenía sentido para algún propósito. Ninguno de nosotros saldrá de aquí vivo y todos necesitamos inyectar gratitud en nuestras increíbles existencias».

NO IMPORTA LO QUE ESTEMOS PASANDO, MILLONES DE PERSONAS MATARÍAN POR ESTAR EN NUESTROS ZAPATOS Y ESO ES ALGO QUE DEBEMOS MANTENER EN MENTE.

Al no hablar de lo que no queremos en nuestras vidas, comenzamos a navegar en la maravilla de la posibilidad y nos fusionamos con el increíble sentido de gratitud que todos poseemos dentro.

Al final de nuestro viaje, le agradecí por interesarse en mis opiniones sobre Venezuela. Esa fue la primera vez que pude verbalizarlas con amabilidad y sinceridad. Sé que confío en el camino de mi vida cuando se trata de mi país natal. Mi percepción de Venezuela ha cambiado y ahora necesito dejar que el tiempo se ponga al día con mi nueva perspectiva sobre su situación. No tengo ninguna duda de que algún día experimentaré a Venezuela de la manera en la que quiero que sea.

CAPÍTULO 15

VIVIR NUESTRAS CREENCIAS

LA PALABRA «CIRCUNSTANCIA» EN LATÍN LITERALMENTE SIGNIFICA «ESTAR ALREDEDOR». ASÍ QUE, CUANDO DEJAMOS QUE LAS CIRCUNSTANCIAS DICTEN NUESTRA EXPERIENCIA DE VIDA, SOLO ESTAMOS «ALREDEDOR», SIENDO ESPECTADORES DE NUESTRAS VIDAS EN LUGAR DE SER LOS CREADORES DE ELLA.

– JASON GOLDBERG

¿ Qué tal si te revelo un pequeño secreto? La vida que estás viviendo por fuera refleja lo que crees por dentro. ¿Te sientes un poco incómodo? Mantén ese pensamiento porque, honestamente, esta percepción está llena de optimismo. Aquí está la razón por la cual esta es una noticia fantástica: estoy a punto de entregarte el plano para transformar tu vida. Y esto no es como esos infomerciales nocturnos que prometen renovar tu existencia. No, esto es real.

No necesitas entender de dónde provienen tus patrones para cambiarlos. De hecho, creo que la memoria es inventiva, y quién sabe si lo que recuerdas en realidad sucedió. La buena noticia es que no importa cómo llegaste aquí; lo único que importa es hacia dónde quieres ir a continuación.

He creado el plan perfecto de dos pasos. Meditas para reconfigurar tus patrones de creencias y luego te callas la boca.

Mucha gente le da mucho valor a la manifestación instantánea. Quieren que todo se manifieste en tiempo real. Yo solía ser así, pero ya no. Abandoné por completo esa idea una vez que entendí que el tiempo es una construcción humana y no existe. Ahora, desear que las cosas se manifiesten al instante es como devorar apresuradamente la comida más deliciosa del mundo. Claro, un manjar exquisito lo sigue siendo incluso si se come súper rápido. Aun así, prefiero disfrutar una cena lenta y sabrosa de siete platos en un restaurante francés (en especial si está acompañada de un fabuloso maridaje de vinos).

Una de mis primeras maestras de desarrollo personal fue una mujer increíble llamada Byron Katie, quien solía decir: «Solo hay tres cosas que los seres humanos pueden hacer. Nos paramos, nos sentamos y nos acostamos... eso es todo. Lo que hace la diferencia es la historia que nos contamos mientras estamos de pie, sentados o acostados. O sea, si estás sentado en una silla de un millón de dólares o en una silla de cinco dólares, todavía estás sentado, pero la historia de dónde estás sentado crea tu experiencia».

CONSIDERA QUE EL PRIMER PASO PARA CAMBIAR TU SISTEMA DE CREENCIAS ES HACER LAS PACES CON DICHO SISTEMA.

En realidad, estás justo donde se supone que debes estar en este momento, y eso no significa que no estarás en algún lugar diferente mañana o incluso esta noche. Todo lo que necesitas es hacer las paces con ello ahora mismo.

Piensa en la belleza y gracia de tu sistema de creencias. Eres esta conciencia colectiva de un grupo de ideologías generacionales que te llegaron social, cultural y humanamente. Tienes un conjunto de ideas fundamentales que casi seguro provienen de tus progenitores. ¿Qué tan hermoso es eso? La mayoría las adquiriste de tus padres (a veces un padre, una madre, dos madres, a veces biológicamente o no) quienes se aseguraron de que no murieras múltiples veces cuando eras un bebé. No puedo pensar en algo más hermoso que eso. Con independencia de tu relación actual con tus padres, fueron ellos quienes te sostuvieron una y otra vez y te besaron cuando eras un bebé. Te convertiste en un ser hermoso al adquirir hábitos de lo imperfectamente perfectos que eran. Quiero que pienses en eso por un minuto.

Ahora estás en el umbral de tu próximo capítulo, en el que puedes agradecerles por las creencias fundamentales que adquiriste de ellos. También has encontrado la libertad de crear nuevas. Si eso no te hace callarte la boca, no sé qué lo hará.

La vida es un regalo increíble de perspectiva y, si sintonizas con lo extraordinario de tu ser, puedes sentirte en paz y enamorado de lo que sea que esta te traiga en cada momento. Si la vida no se siente genial ahora, haz las paces con ello. No te resistas. Observa lo que sucede cuando aceptas el presente tal como es. Podrías sorprenderte con el milagro del futuro.

CAPÍTULO 16

LA LEY DE LA RETRACCIÓN

NECESITAS SER PRÁCTICO
E IMPLEMENTAR LA
PACIENCIA, PERO TAMBIÉN
DEBES TENER UNA
AMBICIÓN DESMEDIDA.
NECESITAS PLANIFICAR
CON MIRAS A 50 AÑOS.

– GARY VAYNERCHUK

Todos estamos familiarizados con la ley de la atracción, ¿verdad? Pues, ¿qué tal la ley de la retracción? La ley de la atracción establece que atraemos cosas energéticamente al pensar en ellas y decirlas. Entonces, ¿no tendría sentido que empecemos a dejar de atraer cosas de las que no hablamos?

Puedo escucharlos diciendo: «Pero ¿cómo me metí en ese accidente automovilístico? No atraje eso». Primero (sígueme aquí), ¿todos los accidentes automovilísticos son algo malo? Quiero decir, el Dr. Joe Dispenza tuvo un accidente automovilístico hace años que casi lo dejó paralizado y así fue como transformó su vida y se convirtió en uno de los mayores líderes del nuevo pensamiento. Ha ayudado a sanar a millones de personas con las enseñanzas que inspiró su actual camino. ¿Qué pasa con aquellos cuyos autos fueron destrozados y ahora tienen uno nuevo? ¿Qué pasa con las personas que se lastimaron y conocieron al amor de sus vidas en el hospital?

Como dije antes, solo en retrospectiva podemos ver que todas las «cosas malas» que nos sucedieron fueron parte de nuestra historia. Piensa en tu vida como el plato más delicioso. Cada experiencia que has tenido ha sido un ingrediente de esta receta perfecta llamada «tu vida».

¿De verdad arriesgarías cambiar la perfección de este platillo al quitar uno de los ingredientes? Incluso si ese ingrediente fue doloroso, te llevó adonde estás hoy.

Todo tiene sentido cuando miramos la vida con una perspectiva panorámica. Considera que todo lo que está sucediendo y ha sucedido es parte del plan. Si sucedió, entonces fue necesario que pasaras por esa experiencia.

AL MISMO TIEMPO, RECUERDA QUE ERES EL OBSERVADOR; SI DEJAS DE OBSERVAR ALGO, LO MÁS PROBABLE ES QUE DESAPAREZCA.

No estoy diciendo que lo ignores. Por supuesto, maneja tus asuntos. Pero no vayas por ahí diciéndole al mundo sobre las cosas que no quieres que te vuelvan a suceder. Algunas situaciones que parecen malas pueden aparecer en tu vida. No aparecieron por karma ni porque Dios te está castigando. Considera que están sucediendo para que puedas expandirte y liberarte de que tu entorno dicte cómo te sientes.

Hace poco regresé de un retiro donde se puso a prueba el Método CLB en mí. El vuelo de regreso se retrasó una hora, luego dos, luego tres y al final se canceló hasta el día siguiente. Estaba varado en el aeropuerto. Me pareció que fue perfecto que la experiencia sucediera justo después de este retiro.

Lo que me sorprendió fue la calma con la que manejé la situación. No pensé de inmediato en lo desafortunado que era. De hecho, pensé en lo suertudo que era porque esto me estuviera pasando. Era como si el universo dijera: «Vale, ¿crees que tienes dominado este retiro de meditación? ¿Por qué no lo demuestras con hechos en vez de palabras?» Esa noche, cuando llegué al hotel que la aerolínea había reservado para mí, me senté en mi habitación y me abrumó el amor y el orgullo por mí mismo. Obtuve lo que vine a buscar, que era mi independencia emocional. Ya no dependía de mi entorno para sentirme en paz. Claro, muchos de mis amigos que se quedaron una noche extra en el retiro pasaron un tiempo mágico, reconectaron mediante una cena agradable con las otras personas que se quedaron. Por otro lado, yo tuve que enfrentar la realidad de mi vida. Pero qué regalo fue para mí experimentar el poder de lo que había aprendido y ponerlo en práctica.

CUANDO ACEPTAS EL CONOCIMIENTO DE QUE ERES EL OBSERVADOR, DESCUBRES QUE «OBSERVAR» ES UNA ACCIÓN.

No estoy diciendo que necesites cubrirte los ojos cuando veas algo malo. Estoy diciendo algo aún más poderoso: no te escondas del mundo. Obsérvalo. Tú decides el significado de lo que miras. Si ves a una persona sin hogar, piensa en ella como alguien que está haciendo su mejor esfuerzo para sobrevivir. Si ves una guerra en el mundo, considera a las personas involucradas como almas que están recibiendo una bala para elevar la conciencia humana y la evolución. Tú dictas lo que quieres que signifiquen las cosas. La ley de la retracción dice que lo que menos observas a menudo desaparece. Y si debes observarlo, haz que signifique algo más amable y compasivo para ti y para el mundo. No significa que tengas que aprobarlo. De hecho, te animo a que tomes medidas rápidas si quieres cambiar algo. Solo sigue adelante sin darle energía ni hacer el problema más grande. Simplemente cállate la boca.

CAPÍTULO 17

DEJA DE ENCASILLAR

LAS CREENCIAS SON LAS QUE CREAN TU REALIDAD.

— OPRAH WINFREY

Fue Shakespeare quien una vez escribió: «El mundo entero es un escenario y todos los hombres y mujeres son meros actores. Tienen sus entradas y salidas. Y un hombre, en su tiempo, representa muchos papeles».

Esta afirmación es tan cierta hoy como lo fue hace cientos de años atrás. ¿Y si todos somos actores en esta película llamada «Vida»? La buena noticia es que, si hay un personaje en tu película que no te gusta, podrías eliminarlo. Claro, si es un amigo con el que no te llevas bien, podrías deshacerte de él. Pero, ¿y si el personaje en tu película es alguien a quien no puedes eliminar, como una suegra? (De nuevo, lo siento por elegir suegras).

No puedes matar a una suegra como a un personaje en una mala telenovela. La razón por la que está aquí es para sanarte. Es un personaje central en tu película para que obtengas la lección o sanación que viniste a buscar en esta experiencia humana.

Puedes decidir eliminar a alguien de tu vida o alejarlo poco a poco... pero, ¿y si hay una solución aun mejor? Aquí está el asunto: tú eres el observador, y esta es tu película. Todos los personajes siguen el guion que tú defines (la forma en que los ves). Puedo escucharte decir: «Pero si alguien es un imbécil conmigo, ¿cómo puedo elegir verlo como alguien agradable? ¿Va a cambiar por arte de magia?». Primero hay que hacer un poco de trabajo, pero créeme, esto es posible. Están apareciendo de esta manera en tu vida porque tienes alguna adicción emocional en tu cuerpo. Esto les permite presentarse de una manera que te molesta. Presionan los botones correctos para que te sientas estresado.

RECUERDA, ATRAEMOS SENTIMIENTOS FAMILIARES (A LO QUE ESTAMOS ADICTOS).

Entonces, cuando alguien es de cierta manera con nosotros, atraemos a la persona perfecta para activar ciertos químicos en nuestros cuerpos, para que sintamos ese sentimiento familiar de estrés.

No hacemos nada de esto de manera consciente. Todo está sucediendo en nuestro subconsciente. Sé que suena loco, pero imagina a esa persona que en tu trabajo es desagradable; toda la oficina coincide en que es una pesadilla. Esa persona solo es percibida de esa manera porque todos están enganchados a una cierta emoción adictiva. Entonces, ¿cómo dejas de atraer a personas difíciles como esta? Bueno, este es tu día de suerte porque estoy a punto de darte las llaves del reino.

HAY TRES PASOS:

1

COMIENZA UNA RUTINA DE MEDITACIÓN:

Esto es extremadamente importante. Necesitas desintoxicarte de tu adicción a tus emociones. Las personas se muestran en tu vida de la manera en que la lo hacen porque eres adicto a sentirte cómo te sientes. Que no te asuste la meditación. Comienza con solo cinco minutos. Puedes encontrar una guía gratuita en YouTube. Este es el mayor punto de inflexión. Debes intentarlo. La meditación te preparará para el segundo paso.

2

COMPASIÓN:

Pondera por un momento por qué ciertos individuos están siendo una pesadilla para ti. ¿Alguna vez has escuchado el dicho: «Las personas heridas hieren a otros»? ¿Quién sabe si se sienten inseguros en ese momento? Tal vez estén sufriendo en casa ¿Habrán sido criados con abuso verbal? ¿Lo heredarían genéticamente de su familia? ¿Es posible que no pueden evitar ser quiénes son? ¿Te enojarías con un bebé cuando llora, o con un perro cuando ladra, o con un gato cuando maúlla? ¿Y si todos están haciendo lo que se supone que deben hacer? Aumentar la compasión es el segundo paso para transformar cómo alguien se muestra en tu vida. Una vez que te percates de que la forma en que son no tiene nada que ver contigo, podrás liberarte y estarás listo para el paso final.

3

CÁLLATE LA BOCA:

Al quejarte de alguien, estás manteniendo sus patrones activos en tu vida, por lo tanto, deja de quejarte de él. Esa persona es como un campo de partículas energéticas flotando en el aire y cuando describes cómo son, refuerzas sus partículas. La buena noticia es que los pasos uno y dos te prepararán para callarte la boca. Y esta es la acción que unirá todo. Cuando te calles la boca, le cortas el oxígeno a tu adicción a que este tipo de personas aparezcan en tu presencia. Una vez que hagas eso, el sujeto en cuestión cambiará drásticamente, o se irá de tu vida.

Si tienes un problema con alguien, te animo a ir directo a ellos y a no hablar del asunto con nadie más. Después de un tiempo, notarás que ni siquiera necesitas hacer eso. Esa persona no estará alineada energéticamente contigo, así que tendrá que irse; es lo que sucede de forma natural. Tenía un problema constante con un amigo porque siempre me contaba historias sobre otros. Había planeado una charla para decirle cuánto me molestaba. Después de practicar el Método CLB durante un tiempo, me di cuenta de que no necesitaba tener esta conversación con él. Por sí solo dejó de comportarse así, y no tuve que hacer nada. Habría estado bien tener la conversación con él punto a punto, pero en lugar de imponerle mis opiniones, me rendí. Solo dejé de intentar controlarlo.

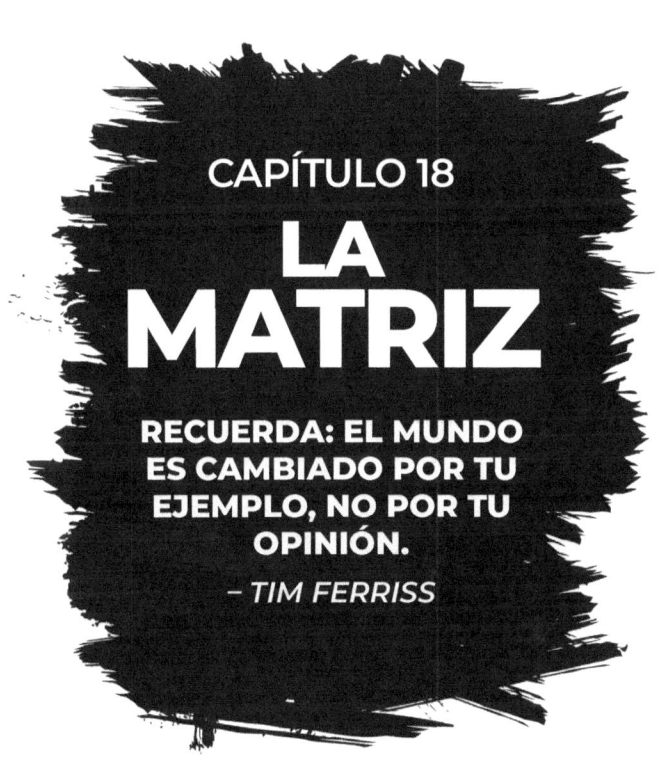

CAPÍTULO 18

LA MATRIZ

RECUERDA: EL MUNDO ES CAMBIADO POR TU EJEMPLO, NO POR TU OPINIÓN.

– TIM FERRISS

Todos hemos visto la película *The Matrix*, ¿verdad? Por si acaso no lo has hecho, déjame resumírtela en un momento. Nuestro protagonista, Neo, toma una píldora roja que le muestra cómo toda su vida es básicamente una ilusión creada por una fuerza insidiosa que quiere evitar que las personas vean la realidad de la vida. Esta es: nada de este mundo es real y la única manera de salir de esta falsa realidad es sumergirse en la dura verdad. Esta película es una interpretación de nuestra vida humana.

La palabra *matrix*, o matriz, en sí significa un centro o ambiente en el cual se desarrollan las cosas. Para mí, no hay nada malvado o incorrecto con la matriz. El único problema que veo con ella es que creemos que es demasiado real.

¿Qué quiero decir con esto? Escucha, todos podemos estar de acuerdo en que se nos da un nombre y una identidad cuando nacemos. Nos dicen desde el primer día (dependiendo de la cultura a la que pertenecemos) cuál debería ser nuestro destino, en qué deberíamos enfocarnos y cómo deberíamos actuar. Nos imponen todo esto sin cuestionarse si están en lo cierto. ¿Podemos concordar en que nuestra cultura inventó la mayoría de estas cosas? Te dieron un nombre que fue fabricado por tus padres o al menos por tus ancestros, y todo el mundo acordó llamarte de esa manera... es así de simple.

Está perfectamente bien navegar la vida según las reglas del mundo, pero esto despierta ciertas dudas en mí. ¿Y si pudiéramos existir aquí, inmersos por completo, pero conscientes de que no estamos en realidad definidos por esta experiencia mundana? ¿Sería posible que muchas de las reglas que seguimos son tan construidas y arbitrarias como los nombres que nos dieron al nacer?

Hablaba el otro día con mi hermana Vanessa, que es una de mis mayores maestras espirituales. Le dije que, en mi opinión, uno de los grandes contribuyentes a la enfermedad mental es pensar que este mundo es demasiado real. Aquí me refiero a la creencia de que esto es todo lo que hay y de que no existe nada después de la muerte. Nadie sabe con certeza qué pasa luego de esta vida. Pero, de manera extraña, creer que hay una existencia después de la actual es lo que mantiene cuerdos a algunos de nosotros.

Nuestro nivel de fe en la vida después de la muerte puede ser subconsciente. Si de verdad pensáramos que no hay nada más allá de este lapso de tiempo en el que estamos vivos, no actuaríamos de manera tan descuidada (y me incluyo en esa afirmación).

PARA MÍ, ALCANZAR LA AUTOCONCIENCIA O EVOLUCIONAR EN LA CONCIENCIA SIGNIFICA QUE PODEMOS VIVIR EN ESTE MUNDO SABIENDO QUE NO PERTENECEMOS A ÉL.

Así que, sí, sigue las reglas y vive lo mejor que puedas, pero siempre recuerda que esto no es TODO. Ten en cuenta que algo mucho más grande que esta vida sucederá una vez que transicionemos de ella.

Como solía decir mi amiga Laraine: «Realmente no vivimos hasta que aceptemos que vamos a morir». Abrazar la noción de que esta vida no es el final y creer en algo más allá nos permite llevar un espíritu más ligero. Esta perspectiva puede transformar cómo vemos la adversidad: en lugar de pensar que el mundo colapsa a nuestro alrededor, abordaremos los desafíos de la vida con una sensación de ligereza. Imagina llevar una vida donde, a pesar de las circunstancias, todo se sienta cada vez más ligero.

Por cierto, esto no significa que romper la ley no traerá consecuencias. De hecho, todo lo contrario. Puedes elegir con libertad lo que quieres hacer, así como las consecuencias que vendrán. Pero, al mismo tiempo, estas no significan nada en concreto. Nosotros también somos quienes creamos su significado.

Lo que quiero decir es esto: hay una manera elegante y serena de navegar la matriz de la vida. Se trata de confiar en el viaje, y de entender que cada giro es parte de un plan más grande. Abrazar la vida con un corazón ligero significa que podremos enfrentar con gracia lo que venga. Claro, no todos los momentos están diseñados para ser una escapada feliz, pero imagina el poder de dar la bienvenida a cada experiencia sin resistirse, reconociendo que hay un propósito en cada desafío, incluso cuando sentimos que todo se está desmoronando. Qué liberador es moverse por la vida con este tipo de aceptación, sin miedo, sabiendo que hay sabiduría en el camino sinuoso.

Despertar y elevar tu conciencia no significa que tengas que dejar tu trabajo, mudarte a Bali o hacer algo súper drástico. De hecho, creo que hay una manera de vivir en el mundo e incluso de estar en paz mientras todo se derrumba. ¿Crees que eso es posible?

¿Has oído el dicho: «Estar en el ojo del huracán»? Como crecí en Miami, he experimentado muchos de estos fenómenos. Mientras estás pasando por el ojo, es muy pacífico. ¿Y si nos comprometemos a estar siempre en el ojo del huracán? Con suficiente reprogramación, podríamos alcanzar la paz, una paz grande e independiente de lo que esté sucediendo en el mundo.

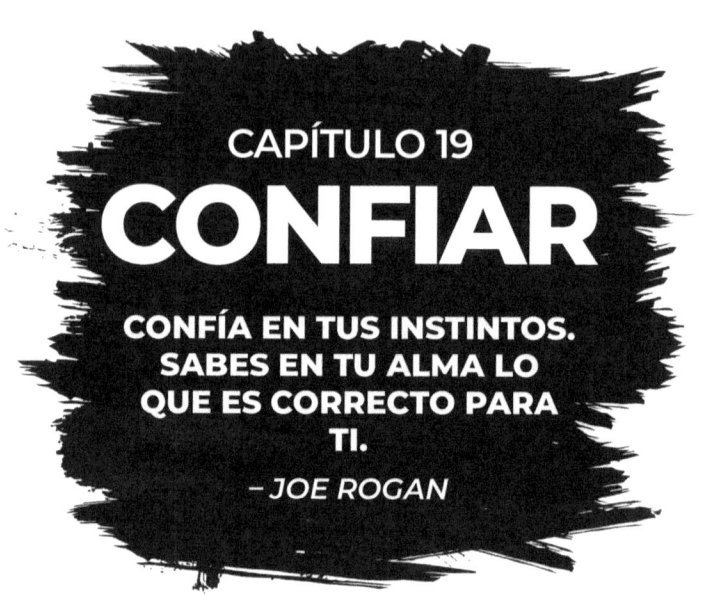

CAPÍTULO 19

CONFIAR

CONFÍA EN TUS INSTINTOS. SABES EN TU ALMA LO QUE ES CORRECTO PARA TI.

– JOE ROGAN

Entonces, ¿qué es la confianza, en sí? Una de mis mayores maestras, Byron Katie, tenía una increíble frase sobre lo que significa confiar en alguien. Ella decía: «La máxima expresión de 'confío en ti' es 'confío en que harás lo que harás sin importar lo que yo piense'».

Asociamos la confianza con el control. Casi parece que los estamos mezclando. Cuando la gente dice: «Confío en ti», generalmente están emitiendo de forma subjetiva un sentido de control sobre una persona o situación. Quieren decir que confían en que las cosas se desarrollarán de la manera en que ellos desean.

Nuestra adicción al control es profunda y se extiende a todos los aspectos de nuestras vidas. Nuestro mecanismo de supervivencia siempre está tratando de controlar y predecir. La única manera de reducir su poder es a través de la meditación, la compasión y el «Cállate La Boca».

Considérate afortunado de estar recibiendo esta información. Estás obteniendo los mejores atajos para ser capaz de disfrutar mucho más de esta cosa llamada vida.

Después de haber hecho este trabajo por un tiempo, notarás lo divertido que es no saber las cosas. Tendrás días vacíos en tu calendario y cenas canceladas; incluso ser dejado plantado te emocionará de inmediato porque sabrás que algo mejor está en camino.

Poco a poco, la adicción a predecir cómo se desarrollará la vida disminuirá poderosamente. Te enamorarás de lo desconocido, de no saber lo que harás la próxima semana, mañana o incluso hoy; y eso está bien. Recuerda: un «no» es un «sí» a otra cosa.

CONFÍA EN QUE ESTÁS EXACTAMENTE DONDE DEBES ESTAR Y QUE CADA DECISIÓN QUE HAS TOMADO HA SIDO LA CORRECTA. TODO TE HA LLEVADO A ESTE MOMENTO PERFECTO.

Es como si tu vida fuera el plato más apetitoso del mundo y necesitara ser elaborado con todos estos ingredientes llamados tus experiencias. ¿Arriesgarías la vida que tienes quitando alguno de los ingredientes y cambiando la receta? Reflexiona sobre esa respuesta por un momento. No lo creo... ¿verdad? Tu vida es el plato más exquisito del mundo, y tomó todo lo que has hecho para llevarte aquí. Disfrútalo. Es una bendición y es delicioso.

CAPÍTULO 20

NUNCA SOLO UN POCO EMBARAZADA

TÚ Y SOLO TÚ ERES RESPONSABLE DE LO QUE SUCEDE EN TU VIDA. NADIE MÁS. NI TU MAMÁ, NI TU PAPÁ, NI TUS AMIGOS, NI TU JEFE, NI EL PRESIDENTE, NADIE MÁS QUE TÚ. TÚ ERES RESPONSABLE DE LO QUE HACES CON TU VIDA.

– MARK MANSON

¿ No es eso justo lo que necesitamos escuchar? No puedes estar «un poco embarazada», no funciona así. Es blanco o negro. Del mismo modo, cuando se trata de creer en ti mismo como el arquitecto de tu realidad, no hay punto intermedio. O lo abrazas por completo o no lo haces. No puedes elegir qué manifiestas. A la gente le encanta alardear de poder manifestar cosas increíbles, pero cuando la situación se complica, enseguida evitan responsabilizarse del resultado.

Cuando digo que algo malo sucedió, esto también es relativo. Creo que todos podemos estar de acuerdo en que cada lección difícil en la vida fue parte de un poderoso tapiz que, en última instancia, trajo mucho crecimiento.

Esto me recuerda a la historia de uno de mis mentores, el Dr. Joe Dispenza. Él fue atropellado por un camión mientras iba en bicicleta. Jurando profundizar en las complejidades de la conexión mente-cuerpo si alguna vez se recuperaba, hizo una promesa audaz al universo. Pasó tres meses postrado en cama, sin nada más que hacer que estar allí, cara abajo, imaginando la reconstrucción intrincada de su columna vertebral... y luego, contra todo pronóstico, se curó.

Es casi como si ese accidente fuera el catalizador que lo convirtió en el individuo notable que es hoy. El Dr.

Joe Dispenza se responsabiliza personalmente de equipar a innumerables personas con las herramientas para la sanación. Estamos hablando de miles de vidas transformadas, gracias a su dedicación inquebrantable. Algunos podrían incluso argumentar que se sacrificó por la humanidad y allanó el camino para que muchos otros prosperaran.

ABRAZAR EL ROL DE CREADOR EN TU PROPIA VIDA TIENE UN PODER INMENSO.

Veo a la Tierra como una increíble escuela, donde todo el tiempo se nos presentan las lecciones que hemos venido a aprender. Ahora, seamos realistas: creo que todos preferiríamos que esas difíciles lecciones fueran un poco más suaves, pero más a menudo llegan con toda su fuerza. Es como si el universo comenzara con un susurro, empujándonos con delicadeza. Pero si no captamos el mensaje, sube el volumen hasta que esté tan alto que no podemos ignorarlo más.

Tuve una notable mentora de vida que sufrió la desgarradora pérdida de su hija de diez años en un trágico accidente automovilístico. No hace falta decir que su historia fue increíblemente conmovedora. Pero lo que de verdad me asombró fue la profunda conclusión que ella extrajo de un dolor tan inimaginable. Ella compartió: «Una madre no necesita perder a un hijo para comprender la esencia de dejar ir. Tenemos que aprender esas lecciones en los pequeños momentos, como cuando alguien te corta el paso en el tráfico y, en lugar de reaccionar con ira, debemos responder con compasión. No dejes que escale a un nivel mayor».

Tómate un momento para asimilar ese mensaje; es uno de los más profundos que he encontrado. La vida, con toda su belleza y sus desafíos, tiene una increíble capacidad de humillarnos. La humildad con la que mi mentora transmitió esa lección me dejó una marca permanente. Es un aprendizaje que llevaré conmigo siempre.

Cuando empleas el Método CLB, estás en esencia diseñando una vida a tu medida. Al seleccionar la narrativa que asignas a los desafíos que se te presentan, recuperas tu poder. Y eso es solo rascar la superficie de su potencial.

CAPÍTULO 21

NAVEGA LOS ALGORITMOS

CUANDO CAMBIAMOS NUESTROS HÁBITOS, CAMBIAMOS NUESTRAS VIDAS.

– GRETCHEN RUBIN

¿Has oído hablar sobre cómo tu teléfono escucha todo lo que dices? Mencionas algo al pasar sobre toallas de papel y, de repente, empiezas a recibir anuncios de toallas de papel en tu Instagram.

Algunas personas piensan que los teléfonos graban nuestras conversaciones para que las empresas puedan hacer marketing dirigido y decirnos qué comprar. Bueno, quizás podrían tener razón.

A medida que te acostumbres más al uso del Método CLB, notarás algo fascinante: tu teléfono parece anticiparse a tus pensamientos sin que ni siquiera necesites vocalizarlos. Es como si el algoritmo se sintonizara con mente, capturara lo que cruza por tu cerebro y trayéndolo a tu realidad.

Cuanto más te sumerges en el Método CLB, más te conectas con la magia de la vida. Es como enchufarse a una dimensión más allá de nuestros sentidos regulares: de lo que podemos oler, tocar, saborear, ver o escuchar. Una vez que estás conectado, las manifestaciones comienzan a fluir desde esta fuente profundamente mágica. Pero aquí está el asunto: un gran poder de manifestación conlleva una gran responsabilidad. Empiezas a darte cuenta de que en el momento en que piensas en algo, comienza a aparecer en el mundo material, casi como una confirmación cósmica de tus ideas.

Aceptar la responsabilidad de tu discurso (y pronto, de tus pensamientos) se convertirá en algo natural. Esa paranoia típica que tiene la gente sobre que el «Gran Hermano» está escuchando, se transforma en una comprensión profunda de que te has conectado a este campo unificado de inteligencia. Y déjame decirte, la sensación de conexión que experimentas es pura magia.

Estamos entrando en una era en la que todo parece estar acelerándose en el reino material. La tecnología está corriendo para mantenerse al ritmo de nuestros pensamientos, es como un espejo que refleja la velocidad de nuestras mentes. Pero aquí está el truco: es una espada de doble filo. Ya sea que creas que la vida es fantástica o espantosa, esa creencia se manifestará más rápido que nunca. Así que ten cuidado con lo que piensas, está moldeando tu realidad a una velocidad vertiginosa.

COMO MENCIONÉ ANTES, AQUÍ ESTÁ EL LADO POSITIVO: EL MÉTODO CLB SE CONVERTIRÁ EN ALGO MUY FÁCIL PARA TI. TE ENCONTRARÁS GRAVITANDO CON NATURALIDAD HACIA PENSAMIENTOS QUE RESUENAN CON TUS DESEOS.

La vida se transformará en esta emocionante y deliciosa aventura, que aguarda a que la explores.

Es muy importante tener una rutina mañanera positiva y saludable en la que sientas que estás depositando buenas vibraciones energéticas en tu vida. Me doy una hora desde el momento en que me despierto para hacer una combinación de escribir en un diario, meditar y hacer afirmaciones. Sé que no todos tienen una hora completa, así que comienza con lo que puedas. Incluso diez minutos son geniales. A medida que tu práctica gane impulso, verás cómo el universo te da cada vez más tiempo.

Créeme cuando digo que la vida se volverá mucho más mágica. Con cada aplicación del Método CLB, accederás a reinos emocionales mucho más allá de los meros instintos de supervivencia. Resonarás con sensaciones que trascienden los sentidos humanos ordinarios. Una vez que comiences a explorar estos sentidos, los que están orquestando tu realidad, prepárate para una ola de éxtasis y alegría como nada que hayas experimentado antes. Y aquí está el truco: mientras los cinco sentidos tradicionales toman un asiento trasero, disfrutarás de sus placeres sin darles mucha importancia.

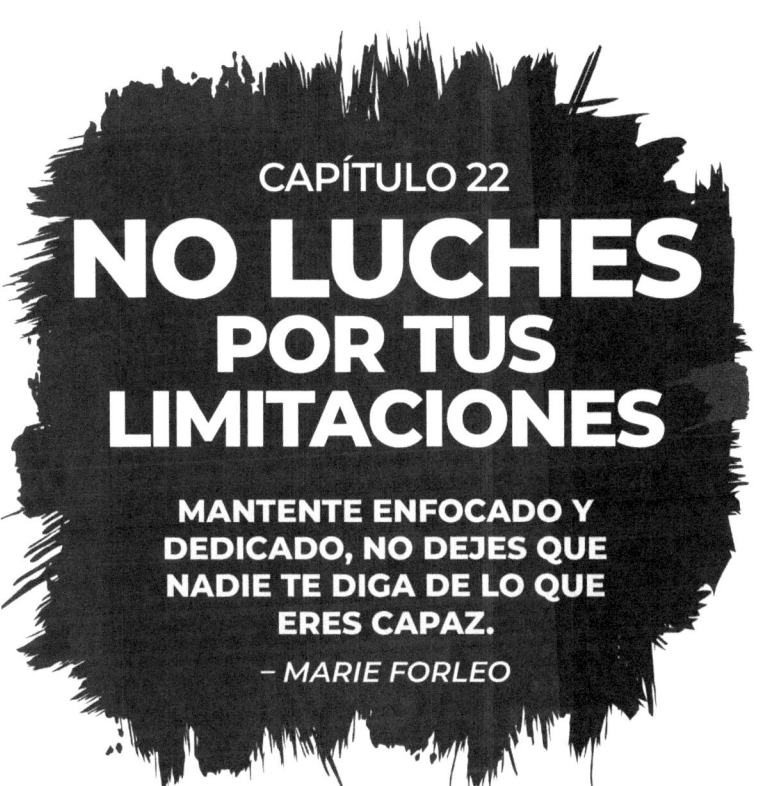

CAPÍTULO 22

NO LUCHES
POR TUS
LIMITACIONES

MANTENTE ENFOCADO Y DEDICADO, NO DEJES QUE NADIE TE DIGA DE LO QUE ERES CAPAZ.

– MARIE FORLEO

Uno de los aspectos más increíbles del Método CLB es que, una vez que lo dominas y comienza a funcionar en piloto automático, te das cuenta de lo mucho más consciente que te vuelves de las cosas que dices sobre ti mismo. Tendemos a llenar nuestras vidas con comentarios negativos casuales, casi sin darnos cuenta del impacto que tienen. Si comprendiéramos el costo de esos comentarios, nunca los dejaríamos escapar de nuestros labios.

Cuando (con mucha inocencia) decimos cosas como: «Soy malo en matemáticas», «No soy bueno planeando», «No sirvo para hacer deportes» o «No soy bueno con mis finanzas», estamos cimentando estas creencias limitantes en nuestro cerebro.

Si desglosáramos el orden de ocurrencia de este fenómeno, sería algo así: tenemos la creencia, pensamos la idea y por último la decimos. Por ejemplo, «No soy bueno con el dinero» es una creencia. Presuponemos esto sobre nosotros mismos y luego lo decimos. Podemos invertir ese proceso y extirpar esta creencia.

La próxima vez que te encuentres en una situación en la que te falte dinero y ese sentimiento familiar surja, cuando estés a punto de decirlo, respira hondo y detente, CLB (no digas que eres malo con el dinero). En cuanto dejemos de verbalizar nuestros pensamientos, comenzaremos a quitarle vida a esa creencia y al final morirá. Esto significa que dejarás de producir esa idea. Como por arte de magia, esta desaparecerá y nunca más regresará... ¡Jamás!

EL MÉTODO CLB TE ANIMA A DEJAR DE LUCHAR POR TUS LIMITACIONES. DEJARÁS DE REFORZAR LAS COSAS QUE NO DESEAS EN TU VIDA.

La mente subconsciente trabaja por repetición, y cuanto más repetimos una afirmación en voz alta, más se cimienta y sigue demostrando ser cierta.

En un principio puede parecer extraño romper el hábito de repetir esas frases autodespreciativas que has llevado contigo durante tanto tiempo. Pero, poco a poco, comenzarás a notar un cambio profundo a medida que te deshaces de estos patrones tóxicos. Paso a paso, te sentirás más ligero, libre y empoderado mientras dejas atrás esos hábitos dañinos.

Si de verdad piensas que todo lo haces de forma increíble, entonces ¡por supuesto que debes mantener esa creencia! Lo que repruebo son esas molestas creencias limitantes que albergamos sobre nosotros mismos, las que nos impiden alcanzar nuestro máximo potencial, nuestra verdadera grandeza. Es hora de deshacerse de ellas y de abrazar las posibilidades infinitas que nos esperan.

CAPÍTULO 23

GRATITUD

LA GRATITUD ES EL GIRO DEFINITIVO QUE CAMBIA EL JUEGO: PUEDE CONVERTIR LO QUE TENEMOS EN SUFICIENTE Y MÁS.

– ED MYLETT

Lo creas o no, la gratitud es una parte fundamental del Método CLB. No se producen pensamientos negativos cuando estás en un estado de gratitud. De hecho, esta es la única excepción al Método. Se te anima a expresar agradecimiento tanto como desees.

Según numerosos líderes del nuevo pensamiento, la gratitud es el pináculo de recibir. Sentir gratitud por cada aspecto de tu vida, sin excepción, representa el estado definitivo donde la manifestación prospera. Decir «gracias» por la totalidad de tu existencia abre las puertas a posibilidades infinitas.

Cuando eres agradecido, vibras con la más alta plenitud. Es curioso porque pasamos la vida deseando que ocurran todas estas cosas diferentes. Queremos la relación, la casa en las colinas, el gran cuerpo, la familia, las vacaciones, etc. Pero lo que en realidad estamos buscando es la plenitud.

Déjame explicarte a qué me refiero con plenitud. Imagina esto: cuando deseamos cosas, a menudo es porque sentimos una sensación de carencia, como si algo nos faltara. Nos convencemos de que la felicidad depende de adquirir diversos factores externos. Pero, ¿y si te dijera que hay otra perspectiva? Un lugar donde los deseos no surgen de una sensación de carencia, sino de un profundo sentimiento de plenitud, de estar completos dentro de nosotros mismos.

VIVIR CON LA COMPRENSIÓN DE QUE ESTAMOS COMPLETOS CAMBIA LA ESENCIA DE CÓMO ABORDAMOS NUESTROS DESEOS; ES UNA SITUACIÓN EN LA QUE SIEMPRE SE GANA.

Querer cosas desde este lugar de plenitud interior, es un triunfo porque, si las conseguimos, enriquecen nuestras vidas. Y si no las adquirimos, enseguida reconocemos que no estaban destinadas para nosotros. Es una perspectiva que trae claridad y satisfacción, sin importar el resultado.

Cuando deseamos algo con intensidad, a menudo nos encontramos en un estado de carencia, lo que sugiriere que necesitamos esas cosas para mejorar nuestro bienestar. Es en estos momentos cuando nos quedamos atrapados en lo que me gusta llamar «la matriz de nuestra propia creación». Considera la analogía de la película T*he Matrix*: todos estaban conectados a una máquina que drenaba su vitalidad. De manera similar, en nuestra vida, es nuestra mente inocente e imaginativa la que puede engañarnos haciéndonos creer que obtener todo lo que deseamos nos traerá felicidad.

No hay nada de malo en querer cosas. Por favor, adelante, desea todo lo que quieras. Solo no asumas ni por un momento que conseguirlo de verdad te hará feliz. Claro, te satisfará por un momento, pero ¿cuánto tiempo pasará antes de que desees lo siguiente?

Ahora, conectemos esto con el Método CLB: a medida que persistes en monitorear tu discurso, te irás desprendiendo de forma gradual de los instintos de supervivencia y del dominio de los cinco sentidos. No es que estos desaparezcan; más bien aprenderás a confiar más en los sentidos más sutiles e intangibles. Estoy diciendo que la intuición y el conocimiento interno son tan válidos como nuestros sentidos físicos, aunque menos perceptibles. A través del Método CLB, aprenderás a sintonizarte con estos sentidos más profundos y a navegar por la vida con una nueva claridad e intuición.

Reflexionemos sobre esto: junto con nuestros sentidos humanos familiares, existen muchos otros, como las ondas de radio que atraviesan el aire. Aunque nuestros cuerpos no los perciban, su existencia es innegable. Aquí es donde entra en juego el Método CLB: sirve como un puente que nos conecta a una vasta gama de estos sentidos muy reales, pero a menudo pasados por alto. A través de esta práctica, nos abrimos a un nuevo reino de percepción y comprensión, accediendo a una rica variedad de experiencias sensoriales más allá de nuestras facultades humanas convencionales.

A medida que renuncias a la creencia de que nuestros sentidos humanos son los únicos jueces de la realidad, se despliega una transformación notable. Te volverás más intuitivo, más sintonizado con los ritmos sutiles de la vida. Evolucionarás en alguien que entiende que solo porque algo no es visible a simple vista, no significa que no esté en camino. A través de este cambio de perspectiva, cultivarás una profunda confianza en las fuerzas invisibles que están involucradas, guiándote hacia el cumplimiento de tus deseos.

Una vez que hayas dominado la capacidad de dirigir tu vida con estos nuevos sentidos invisibles, todo se sentirá más rico y fácil, y tendrá mucho más sentido. Cuando lleguen las curvas inesperadas, no preguntarás: «¿Por qué a mí?» sino «¿Por qué no a mí?». Entenderás de inmediato que todo está sucediendo para permitirte crecer. Esa es la belleza de la vida. Desde la perspectiva correcta, sabremos que todo es para nosotros.

EL MÉTODO CLB TE AYUDARÁ EN EL VIAJE DE AMAR TU VIDA. TU LENGUAJE Y TU SILENCIO DESCRIBIRÁN LA VIDA DE TUS SUEÑOS: LA ACTUAL.

La gratitud actúa como un poderoso diapasón que te alinea con la frecuencia del recibimiento. Sirve como un recordatorio potente de que no te falta nada y eres completo tal como eres. Sumergido en gratitud, el deseo de tener más desaparece, ya que estás envuelto en un profundo sentido de satisfacción. Y aquí está lo mejor: este estado de gratitud se convierte en un imán que atrae hacia ti una avalancha imparable de bendiciones, que inunda tu vida como un tsunami de abundancia.

CAPÍTULO 24

EQUILIBRA TU COMUNICACIÓN

PERMITIRTE SENTIR Y EXPRESAR COMPLETAMENTE TUS EMOCIONES ES EL CAMINO HACIA LA VERDADERA LIBERACIÓN Y EL AUTODESCUBRIMIENTO.

– BROOKE CASTILLO

A medida que el Método CLB comienza a apoderarse de tu rutina, te enfrentarás a lecciones más grandes. Aunque tu vida se simplificará, también notarás algunas curvas increíbles que vienen de la nada. Lo poderoso de estas es que convocarán a todas tus recién adquiridas y sorprendentes fortalezas. Tu nueva forma de ser será puesta a prueba.

ES MUY IMPORTANTE ENTENDER QUE EL MÉTODO CLB NO SIGNIFICA NO EXPRESAR TU VERDAD.

De hecho, cuando la vida se presente con desafíos, te invito a confiar en una persona, o en un par de personas más si es necesario. Al final del día, ya sea que lo sepas o no, consciente o subconscientemente, todos queremos que los demás sean felices y estén en paz. Sé que esto es audaz, pero antes de irte por esa tangente, solo piensa: «¿Cómo se comportarían todos si tuvieran paz interior?» Piensa en ese mundo.

CAPÍTULO 25

SOMOS UNA SIMULACIÓN

LA VIDA ES SOLO UN SUEÑO, UN MOMENTO FUGAZ EN LO INMENSO DE LA ETERNIDAD. ACEPTA LA IMPERMANENCIA, VIVE PLENAMENTE, AMA PROFUNDAMENTE.

– RICH ROLL

Cuando era pequeño, adoraba ir al cine. Veía mis películas favoritas cuatro o más veces. Los colores ricos y vibrantes en la pantalla me fascinaban. No podía entender cómo las imágenes no salían de la pared, sino que se proyectaban en la pantalla. La idea del proyector no tenía sentido para mí.

Pensaba: «¿Cómo puede la película ser proyectada en la pared desde la parte trasera de la sala si no puedo ver las imágenes a través del aire?» Las imágenes del proyector son partículas de luz que están distorsionadas hasta que golpean la materia (en este caso, la pared), entonces pueden ser vistas. Estas partículas son invisibles a través del aire, pero aún están allí. Y así, llegamos a un paralelo intrigante con la experiencia humana.

Considera esto: somos como proyecciones holográficas que emanan de un proyector hacia una pared. Tan real como nos percibimos en esta realidad, imagina la profundidad de la realidad experimentada por el propio proyector, la fuente de la cual estamos siendo proyectados. Es un concepto alucinante que desafía nuestra comprensión de la existencia y de la naturaleza de la realidad.

Una vez que la proyección se encuentra con la materia, el reino humano, todos los aspectos como nuestra forma física, pensamientos y salud se ponen en su lugar. En esencia, existimos como una proyección material desde una fuente invisible que moldea nuestra realidad.

CUANDO APLICAS EL MÉTODO CLB, ESTÁS AYUDANDO A REPROGRAMAR TODA LA INFORMACIÓN SOBRE QUIÉN ERES.

Por eso digo que combinar el Método CLB con la meditación es perfecto. Esta última aliviará las reacciones automáticas y la adicción que tenemos a quejarnos y ser negativos. Como he mencionado, estos son hábitos que hemos adquirido a lo largo de nuestras vidas, los cuales han sido culturalmente reforzados y aceptados como una forma natural de ser.

Piensa en el hábito inocente de leer chismes de celebridades. No pensarías dos veces en desplazarte por Instagram y detenerte en un post sobre alguna celebridad que engañó a su pareja. Pero, si estuvieras desplazándote y el post fuera sobre ti atrapado en un escándalo de infidelidad, estarías devastado. No culpo al escritor del chisme, al consumidor que lo lee, ni siquiera a la celebridad por ser parte del escándalo. Estoy subrayando de qué forma tan casual estamos dispuestos a mirar algo que nos devastaría si estuviéramos del otro lado. ¿Ves lo loco que es eso?

Hemos normalizado el chisme hasta un punto de relación y conexión con las personas. Estamos estimulando y

EL MÉTODO CÁLLATE LA BOCA

creando amistades basadas en las desgracias de otros, y pensamos que es normal. No estoy diciendo que yo esté libre de este fenómeno. Solo pretendo inyectar algo de sentido común en la conversación.

Cuanto más apliques el Método CLB y medites, menos desearás leer sobre chismes o sobre los infortunios de otros. ¿Por qué, preguntas? El asunto del chisme es que es una conversación basada en la energía de supervivencia. Nos sentimos atraídos hacia él porque sentimos que, si sabemos que algo está «mal» con otra persona, nos mantendremos seguros. Todo esto se hace a través de hábitos subconscientes. Es la misma razón por la que nos sentimos atraídos hacia las malas noticias. Pensamos que, si sabemos lo que está mal en el mundo, podemos mantenernos seguros al conocer dónde está el peligro y evitarlo.

LA COMBINACIÓN DE MEDITACIÓN Y EL MÉTODO CLB TRANSFORMA TUS HÁBITOS DESDE ADENTRO HACIA AFUERA.

Vas directo al campo cuántico donde se está haciendo tu proyección. Reprogramas la información para que se cree un nuevo «tú». A medida que te vuelves más intencional con lo que dices, y hablas limpio, comienzas a experimentar la vida de una manera más amable. Tu nivel de compasión y empatía por ti mismo y por los demás se dispara.

También dejarás de antagonizar a las personas. Si te encuentras en conflicto con alguien, te detendrás y pensarás: «¿Con quién de verdad estoy enojado? ¿Con sus genes? ¿Con su crianza? ¿Con la culpa heredada que casi seguro vino genéticamente de un antepasado?» El punto es que encontrar al culpable desde esta perspectiva es como pelar una cebolla. Si remueves todas las capas, terminarás sin nada.

No estoy diciendo que debas perdonar cualquier mal comportamiento, pero con el Método CLB encontrarás un nivel de autonomía y de paz sin importar lo que esté sucediendo en el mundo.

Te estoy dando las llaves del reino. A lo largo de la vida, se nos enseña a sumergirnos en las cosas con nuestros sentidos, a trabajar duro y a esforzarnos por las cosas mediante la fuerza y la presión. Pero, ¿y si lo entendimos al revés? ¿Y si empujar y forzar te deja agotado al final? Tal vez termines rico y con una familia, pero estarás agotado, y luego te darás cuenta de que a lo largo de tu vida has despilfarrado tu mercancía más valiosa: tu tiempo.

A través de diferentes culturas, a menudo se nos inculca y se reverencia la idea del trabajo duro y la perseverancia. Pero, ¿y si hubiera otra manera? ¿Y si, en lugar de empujarnos todo el tiempo, pudiéramos lograr más con menos esfuerzo? ¿Qué pasaría si cambiáramos nuestro enfoque hacia el poder de nuestras palabras y abrazáramos el Método CLB? Imagina si dejáramos de reforzar creencias limitantes como: «La vida es dura», «Nada es gratis» o «Las cosas siempre son difíciles». Puede sonar radical, pero estas creencias a menudo operan en segundo plano e influyen en nuestras acciones sin que nos demos cuenta siquiera.

UNO DE LOS GRANDES REGALOS DEL MÉTODO CLB ES QUE TE VOLVERÁS HÍPER CONSCIENTE DE TUS CREENCIAS LIMITANTES Y ELEGIRÁS NO DECIRLAS EN VOZ ALTA.

Al no decirlas, comenzarás a reprogramar quién eres desde el núcleo, lo que significa que te transformarás desde adentro hacia afuera. Al usar el Método CLB, comenzarás a operar menos y menos desde la supervivencia. Tus cinco sentidos ya no te controlarán. Confiarás mucho más en la vida y tus niveles de desesperación y miedo se desplomarán. Los efectos secundarios que sentirás serán confianza, amor, seguridad, paz interna, abundancia y plenitud.

Creo que, al final, buscamos sentirnos completos. Esto tiene mucho sentido. Si lo piensas, todo lo que perseguimos en la vida (y me refiero a todo), desde la salud física, el placer, una familia, la abundancia, las casas, los autos, los barcos e incluso ayudar a nuestros semejantes, es porque pensamos que al tener o hacer esto seremos más felices.

No hay nada de malo en perseguir todas estas metas tridimensionales, como las mencionadas anteriormente, pero, ¿y si no experimentarlas pudiera ser aún mejor? Ahora, mantente conmigo; ¿y si nunca construyes una familia, pero construyes una vida de viajes y libertad? ¿Y si nunca te mudas a esa gran casa en las colinas de *Hollywood Hills*, pero vives en un estudio que requiere poco mantenimiento y te da cero dolores de cabeza? ¿Y si experimentas una enfermedad física, pero también experimentas la bondad y la generosidad de las personas que te ayudan con tu condición? Cuanto más tiempo paso en esta rica vida, más me doy cuenta de que el mayor truco para ser feliz es enamorarse de ella tal y como es.

Cuando era pequeño, compré el CD (y sí, ya estoy mayor) de la cantante Sinead O'Connor, y el nombre del álbum era «No Quiero Lo Que No Tengo». Esto, por naturaleza, es una filosofía muy budista. Los budistas creen que, si te despojas de todos tus deseos, no habrá sufrimiento. Puedo ver la lógica detrás de eso, seguro. Pero también me encanta cómo el difunto filósofo místico Alan Watts desmentiría esto y diría que el mero deseo de estar sin deseos es también un deseo. Es decir, no podemos escapar del juego humano de querer cosas. Pero creo que cuando practicamos el Método CLB, comenzamos a desear cosas de manera menos compulsiva. Y yo soy prueba viviente de eso.

Creo que siempre tendremos algunas metas increíbles que perseguir. La diferencia es que también no resistiremos el momento tal como es.

EL MÉTODO CLB REPROGRAMARÁ NUESTRA NARRATIVA SOBRE ESTE MOMENTO ESPECÍFICO EN NUESTRA VIDA Y SIEMPRE VEREMOS EL VASO MEDIO LLENO.

No importa cómo luzca el ahora, es perfecto tal como es. Esto no significa que no intentarás cambiarlo si quieres algo diferente. De hecho, puedes hacer que sea diferente desde un lugar desapegado donde no sufrirás si no cambia. Transformar las cosas cuando no estamos en modo de supervivencia es una experiencia celestial. Serás, como dice Abraham Hicks: «Feliz donde estoy y ansioso por más, punto de atracción perfecto».

CAPÍTULO 26

EL TIEMPO ES UNA ILUSIÓN

EL TIEMPO ES UNA ILUSIÓN, UNA CONSTRUCCIÓN DE LA MENTE. VIVE EN EL MOMENTO PRESENTE, PORQUE AHÍ ES DONDE RESIDE LA VERDADERA EXISTENCIA.

– AUBREY MARCUS

C uando digo que el tiempo es una ilusión, no me refiero a que no nos afecta. En nuestra vida tridimensional, regida por los cinco sentidos, el tiempo es muy real. Usamos el tiempo para indicar y medir todo lo que hacemos. Al planeta Tierra le toma 365 días, un año, viajar alrededor del sol, y medimos nuestra vida por cuántos años pasamos en este.

Lo que quiero decir es que el tiempo solo se aplica al mundo físico. Cuando hablamos del mundo no físico, no existe el tiempo. Múltiples realidades que no están controladas por el tiempo podrían estar ocurriendo de manera simultánea. Tener un cuerpo físico implica que te tomará una cierta cantidad de tiempo ir de un lugar a otro; esto no es así cuando has trascendido y, por lo tanto, no existe el tiempo.

Cuando estamos muy conscientes de nuestros sentidos, el tiempo pasa muy lento, ya que estamos sobreviviéndolo. Pero cuando estamos en flujo y en el momento, pasa mucho más rápido. Usamos las arrugas en nuestras caras y las diferentes mediciones tridimensionales para calcular la realidad, pero mantener una perspectiva saludable sobre esta mejorará la calidad de nuestras vidas.

El gran maestro Tony Robbins dice que el tiempo es una medida del amor. La razón por la cual esto parece cierto es porque cuando amas lo que estás haciendo, las horas pasan rápido, y cuando no, se sienten muy lentas.

Mantener una perspectiva saludable sobre el tiempo significa reconocer que es una construcción creada por los humanos. En realidad, no hay pasado ni futuro, solo el eterno momento presente. De manera continua, nos movemos de un momento de «ahora» al siguiente. Lo intrigante es que, ya sea que algo ocurra dentro de diez años o diez minutos, todo está sucediendo en tiempo real, porque el tiempo en sí es una ilusión. Mientras que podríamos desear que las cosas sucedan al instante, hay gran sabiduría en confiar que sucederán cuando el momento sea perfecto.

AL APLICAR EL MÉTODO CLB, DEJARÁS DE OBSESIONARTE CON EL TIEMPO Y TE ENCONTRARÁS FLUYENDO CON EL ORDEN DE LA VIDA.

Considera esto: si todas las cosas que deseas se alinearan en este instante: un gran trabajo, una relación específica, una apariencia física, etc., ¿qué tendrías? Solo más «ahora».

El otro día estaba en el gimnasio haciendo mi rutina regular y comencé a pensar en todos estos diferentes proyectos en los que estoy trabajando, cuánto quiero que sucedan y cuánto más feliz sería una vez que se concreten. Pero luego mi mente se detuvo y pensé: «Pero aquí estoy en este momento perfecto, sintiéndome saludable, haciendo ejercicio en un gimnasio que amo, en un hermoso día soleado y ventoso en la playa. ¿Cuánto más necesito para que sea mejor?» Cuando nos atrapamos en estos bucles de la vida, creo que es porque dejamos que la mente automática proyecte esas historias de cómo sería mejor la vida en otro instante de «ahora». Te lo digo con todo el amor y la verdad del mundo: esta ocasión es lo más perfecta que pudiera ser.

Esta actualidad, aquí y ahora, es todo lo que tenemos garantizado. Claro, tu mente puede viajar e imaginar cómo podrían ser las cosas más dulces si las circunstancias fueran diferentes. Pero la verdad es que no hay garantía de que alguna vez tengamos otro momento más allá de este. Así que, ¿por qué no aprovecharlo al máximo ahora mismo?

Decir que el tiempo es falso es mi manera de decir que el pasado, presente y futuro son en esencia solo invenciones. Estamos todo el tiempo en el «ahora». Cuanto más podamos vibrar en altos estados de paz durante el «ahora», más atraeremos buenas vibraciones en todos los «ahora» del futuro.

Un aviso: atraer buenas vibraciones no significa que la vida no te lanzará algunas curvas. Todo se reduce a cómo eliges percibir la situación. Cada desafío es una oportunidad para que tu mejor yo brille. Y aquí está el truco: tu mejor yo no tiene que ajustarse a ningún molde en particular. Lo genial es que, si te pierdes una de esas oportunidades, no te preocupes. La vida tiene una forma de ofrecerte muchas más oportunidades para que te destaques y muestres tu verdadero yo.

La vida es una oportunidad interminable para estar bien en el «ahora», solo tenemos que organizarnos para disfrutar el momento. Una vez que comencemos a sentir este impulso, se volverá más fácil. Luego, algo interrumpirá ese flujo y tendremos que comenzar de nuevo.

LA BUENA NOTICIA ES QUE ESTA VIDA ES NUESTRA NARRATIVA; SI APLICAMOS EL MÉTODO CLB, SIEMPRE TERMINAREMOS EN UNA BUENA HISTORIA.

No solo eso, mientras narras una buena historia sobre ti, te sentirás inspirado a relatar una también sobre otras personas. Asimismo, les ofrecerás amor y sabiduría sobre cómo pueden contar la historia correcta. Les enseñarás cómo aplicar el Método CLB para obtener la vida de sus sueños. Esto no necesita ser un giro radical hacia la positividad; puede comenzar muy fácil como un suave giro hacia hablar con suavidad sobre cómo queremos que sea nuestra existencia. Y luego, antes de darte cuenta, eso se convierte en tu vida.

CAPÍTULO 27

MANIFESTAR PODER A TRAVÉS DE GAV

EL SECRETO DEL ÉXITO NO SE ENCUENTRA EN LA AUSENCIA DEL MIEDO, SINO EN EL CORAJE PARA ACTUAR A PESAR DE ÉL.

– BRENDON BURCHARD

Como mencioné antes, a medida que el Método CLB se despliega dentro de tu psique, muchas cosas comenzarán a cambiar para ti. Operarás menos desde los cinco sentidos y más conectado a sentidos de la quinta dimensión como el conocimiento interior, la aceptación y la confianza. Con todo esto sucediendo, este es el momento perfecto para complementarlo con el GAV (Gratitud, Afirmación y Visualización). GAV es la forma más rápida de manifestar.

Aquí está la clave: a medida que empiezas a fluir por la vida en un estado de mucho menos estrés, las cosas comenzarán a venir hacia ti en lugar de que luches tanto por conseguirlas. Será una profecía autocumplida. Al dejar de describir tu vida como «difícil», no tendrás otra opción que describirla como fácil. De corazón espero que estés probando el Método CLB, incluso si es solo como un experimento para ver si funciona. Después de mucho estudiar el fenómeno de la manifestación intencional, he concluido que combinar el Método CLB con GAV es el camino a seguir.

Recuerda, esta práctica es más fuerte muy temprano en la mañana cuando te despiertas o por la noche justo antes de ir a dormir. Esto se debe a que tu cerebro estará en *theta*, el estado entre la vigilia y el sueño. Este es el momento en que es más susceptible a la información.

Cuando te despiertes por la mañana, toma tu diario, que debe estar junto a tu cama. Debe estar titulado GAV. Esto significa:

GRATITUD:

Escribe tres cosas por las que estés agradecido. Por ejemplo, estoy agradecido por mi salud, estoy agradecido por mi familia y estoy agradecido por mi vida.

AFIRMACIONES:

Escribe tres cosas que quieras afirmar sobre ti mismo. Por ejemplo, soy próspero, soy generoso, soy amable.

VISUALIZACIONES:

Escribe tres cosas que quieras manifestar en tu vida. Por ejemplo, si mi proyecto es terminar este libro, escribo «libro», luego cierro los ojos y veo vívidamente el libro terminado; uso los cinco sentidos para visualizar una situación donde el libro esté hecho, como ser un invitado en un programa de entrevistas durante una gira de libros. No solo lo visualices en tu mente. Realmente sumérgete en todos los sentimientos de ello. El gran maestro espiritual Neville Goddard decía que el secreto está en el sentimiento.

Después de terminar todo esto, lo cual no debería llevar más de siete minutos, medita. Cuánto tiempo medites depende de ti. Yo hago entre quince minutos y una hora de meditación guiada. Mientras estoy en mi meditación, pienso en mi GAV y en lo que quiero como mi intención para el día. Mi intención suele ser «enamorarme de lo desconocido». Por la noche, repite GAV, excepto que no tienes que hacer la parte de meditación a menos que quieras.

Lo que acabo de listar arriba es el truco definitivo de manifestación de la vida. Te juro que, si haces esto, verás cómo la magia se despliega. Pero tienes que ser consistente. Por eso digo que tengas el cuaderno junto a tu cama para que lo veas a primera hora de la mañana y por la noche. La mente subconsciente intentará de manera muy inofensiva sacarte de esta rutina porque es nueva. Tienes que ser muy intencional sobre esto.

EL MÉTODO CLB POTENCIARÁ TUS MANIFESTACIONES. CUANTO MÁS LO USES, TU RESISTENCIA DE NO SEGUIR REALIZANDO GAV DISMINUIRÁ.

Tu poder para ver y visualizar tu futuro será más vívido y más fácil de emplear. Seguirás afirmando la vida que deseas experimentar, lo cual ya se sentirá natural para ti. Estar en un estado de gratitud es la clave más importante, será fácil y natural para ti. Estarás entrenado para ver siempre el vaso medio lleno. Todo lo que hagas en tu vida se sentirá como un flujo serendipitoso. Esto te animará a seguir adelante y a continuar soñando en grande para tu vida. Y pensar que todo comenzó con que solo usaras el Método CLB.

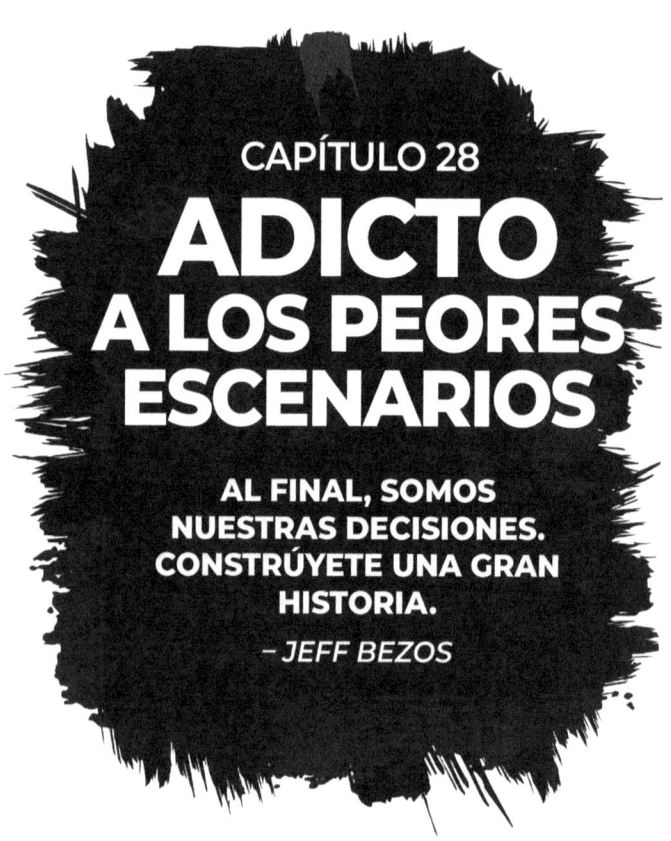

CAPÍTULO 28

ADICTO A LOS PEORES ESCENARIOS

AL FINAL, SOMOS NUESTRAS DECISIONES. CONSTRÚYETE UNA GRAN HISTORIA.

– JEFF BEZOS

Aquí no hay nadie a quien culpar. La forma en que se desarrollan las cosas, ya sea una situación particular o el comportamiento de una persona, es solo parte de nuestro cableado humano. ¿Por qué tenemos la tendencia a inclinarnos hacia el peor escenario posible? Está programado en nosotros, pero también es algo que hemos reforzado con el tiempo.

El año pasado, estaba de vacaciones con mi amiga Gabriela y su hijo de cuatro años. En algún momento, el niño desapareció de su vista. Estando a su lado, vi a la perfección cómo los ojos de Gabriela se abrieron de pánico cuando se dio cuenta de que no podía localizar a su hijo. Después de cinco segundos, lo vio jugando en la otra habitación. Se calmó, respiró hondo y dijo: «¿Por qué tengo que pensar en el peor escenario posible?» Nunca olvidaré sus palabras.

Nuestros cerebros están programados para sobrevivir, lo que a menudo significa prepararse para lo peor. Es un mecanismo innato diseñado para asegurar nuestra supervivencia al anticipar y estar listo para posibles amenazas. Esta programación genética está presente en todos los seres humanos; es un aspecto fundamental de nuestra biología evolutiva.

No importa dónde vivas, tenemos acceso a muchas noticias; ellas son un tema interesante. Veo su valor, pero su propósito definitivamente ha cambiado. La industria de las noticias sigue el protocolo de un modelo de negocio con fines de lucro. No creo que pretendan torturarnos a propósito. Pero, como cualquier negocio, tratan de ser productivos.

Imagina que eres el responsable de comprar espacios publicitarios para comerciales de Toyota en CNN. Natu-ralmente, notarías que CNN tiene la mayor audiencia du-rante el horario estelar. Pero, ¿qué pasaría si descubrie-ras un aumento en la audiencia durante las noticias de las dos en punto del miércoles? Con curiosidad, preguntas sobre el contenido transmitido durante ese espacio, solo para descubrir que está lleno de historias de asesinatos y guerras. Le expresas a tu representante de ventas de CNN que preferirías ver números de audiencia consis-tentemente altos durante todo el día. Y así, CNN ajusta su programación para adaptarse a estas preferencias. No es personal; es tan solo un reflejo de nuestros instintos de supervivencia innatos que guían a nuestros hábitos de consumo de noticias.

Las historias que activan nuestras hormonas del estrés son las que más vemos. ¿Por qué? Porque en nuestro subconsciente pensamos que si sabemos dónde está el peligro, estaremos más seguros. El problema es que el mismo sistema primitivo de vigilancia que intenta protegernos (lucha o huida) es el mismo que nos está estresando tanto. Al estresarnos, estamos operando en un estado cerebral de alerta máxima (*beta*), y es el mismo que reduce nuestro sistema inmunológico. Dicho sistema nos protege contra cualquier enfermedad, pero contribuye a la activación de nuestras enfermedades genéticamente predispuestas.

Usar el Método CLB activará cada vez menos tu sistema de lucha o huida. Habrá un período en el que tendrás esforzarte deliberadamente para no decir las cosas que has estado diciendo desde siempre.

NO ES SOLO LO QUE DICES, NECESITARÁS SER CONSCIENTE DE LO QUE MIRAS Y DE CÓMO NARRAS TU REALIDAD EN GENERAL.

Recuerda que eres el creador de tu vida al ser el observador. Sé que esto suena demasiado simplista, pero es cierto. Si te llevas algo de este libro, debería ser vigilar tus palabras y ser consciente. Y si además le prestas atención a las cosas que quieres, ganas. Esto no significa ignorar los problemas o no cuidar de tu vida. Por el contrario, cuando apliques el Método CLB, notarás que tu adicción al drama y a las conversaciones problemáticas se detendrá. Cuando se te presente cualquier «oportunidad» (nuestra nueva palabra para «problemas»), las manejarás con facilidad.

CAPÍTULO 29

EL MUNDO 3D

A VECES NOS OBSESIONAMOS TANTO CON VER LA ILUSIÓN QUE OLVIDAMOS VER LA REALIDAD DETRÁS DE ELLA.
- JAY SHETTY

Vamos a sumergirnos en este tema de las 3D! Confía en mí, comprender este concepto hará que navegar por la vida sea mucho más sencillo. Aquí está el asunto: habitamos un mundo tridimensional, lo que significa que existimos dentro de la materia física, y nos toma tiempo movernos en el espacio. Medimos nuestras vidas en función de cuánto tiempo nos lleva ir del punto A al punto B. Y no solo cuantificamos el tiempo; también percibimos las cosas de manera subjetiva. En nuestra realidad tridimensional, todo parece separado y distinto. Y, oye, no hay nada de malo en eso, después de todo, cada uno de nosotros tiene un cuerpo único, distinto de los demás a nuestro alrededor.

Cuando estamos absortos por completo en este mundo tridimensional, nuestros cinco sentidos tienden a dominar nuestra percepción. Nos enfocamos en lo que podemos ver, escuchar, tocar, saborear y oler. Es como si viviéramos en un mundo donde el tema es: «Lo creeré cuando lo vea». Pero si quieres convertirte en un maestro en manifestar tus deseos, debes cambiar esa forma de pensar.

Si adoptas la mentalidad de: «Lo creo y por lo tanto lo veré», desbloquearás el secreto para manifestar tus deseos sin esfuerzo. Antes de que te des cuenta, tus sueños más salvajes comenzarán a materializarse en la realidad. Este concepto está profundamente arraigado en la comprensión de que el campo cuántico no es solo una idea abstracta, es una realidad tangible. Recuerda, el campo cuántico es donde todas las posibilidades existen a la vez.

AL CREER EN ALGO ANTES DE VERLO, EN ESENCIA ESTÁS PROGRAMANDO LAS PARTÍCULAS EN EL CAMPO CUÁNTICO PARA MANIFESTAR TUS DESEOS EN LA EXISTENCIA.

A medida que continúes practicando el Método CLB, descubrirás que acceder a sentidos más allá de los cinco tradicionales se vuelve cada vez más fácil, ya que estos están intrincadamente ligados al reino de la quinta dimensión, un mundo invisible que influye con profundidad en los eventos que se desarrollan en nuestras vidas. Ahondaré en este fascinante tema en el próximo capítulo.

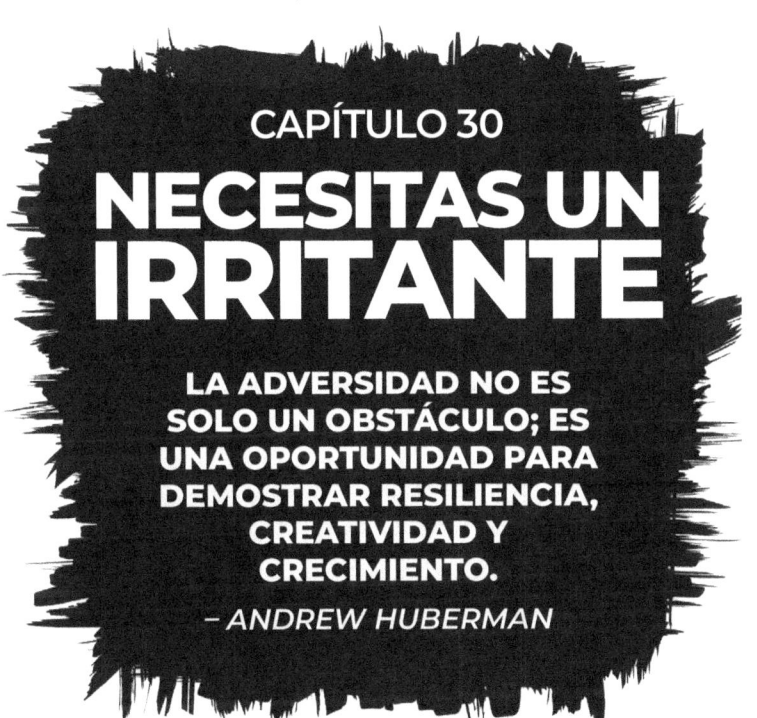

CAPÍTULO 30

NECESITAS UN IRRITANTE

LA ADVERSIDAD NO ES SOLO UN OBSTÁCULO; ES UNA OPORTUNIDAD PARA DEMOSTRAR RESILIENCIA, CREATIVIDAD Y CRECIMIENTO.

– ANDREW HUBERMAN

Todos amamos los diamantes, ¿verdad? Bueno, tal vez las mujeres los amen más que los hombres. (No, eso no es cierto. Los diamantes también pueden ser «los mejores amigos» de los hombres).

¿Alguna vez has pensado en el proceso por el cual pasa un diamante para crearse? Los diamantes surgen cuando el calor intenso y la presión se combinan bajo la superficie del manto terrestre. Ellos necesitan un irritante para nacer, y nosotros también (lo digo literal y figurativamente). Nuestras propias cualidades de diamante aflorarán a través de la presión que sentimos en nuestras vidas.

Sería increíble si pudiéramos desarrollar músculo físico comiendo chocolate y viendo *Netflix* todo el día, pero esa actividad, en apariencia maravillosa, más adelante será la más tóxica de todas. Sabemos, a estas alturas, que llevar una vida sedentaria conduce a numerosas complicaciones de salud, como altos niveles de colesterol y de presión arterial. Entonces, ¿qué nos lleva realmente a la salud física? Una gran parte es la irritación de sudar, ya sea en el gimnasio o haciendo cualquier tipo de ejercicio. Participar en una actividad física puede sentirse incómodo al principio, pero es una parte crucial de nuestra salud mental.

Lo que quiero decir es que un irritante es lo que, en última instancia, nos hace fuertes y saludables. Al mismo tiempo, necesitamos equilibrarlo. ¿Y cómo lo hacemos? Con el Método CLB.

A medida que la vida nos obliga a navegar por sus poderosas aguas, encontraremos increíbles irritantes en el camino. Algunos de estos serán compañeros de trabajo, nuestros hijos, nuestros padres, nuestros jefes e incluso enfermedades. Estos exigirán que nos expandamos y crezcamos, que los observemos y les prestemos atención. Pero, ¿cuál es la historia que contarás cuando los observes? ¿Caerás en el papel de víctima y te quejarás de cómo ese irritante te molesta? ¿O reducirás la intensidad de la historia inyectando compasión y empatía?

Con respecto a esto último, parece más fácil hacerlo cuando el irritante con el que estás lidiando es una persona, pero, ¿qué haces cuando es una enfermedad o un evento desafortunado? Bueno, todo se reduce a cómo contamos nuestras experiencias. Desde que empecé a aplicar el Método CLB, es como si una habilidad dormida de «reducir la narrativa» de mi vida hubiera tomado el control.

Cuando ahora me suceden cosas «malas» (y uso comillas aquí porque realmente no creo que algo sea malo, es solo otra oportunidad para escalar mi independencia emocional), hago una pausa y reflexiono sobre cuál podría ser la oportunidad. Tal vez una enfermedad me esté indicando que desacelere, o un final muestra un nuevo comienzo en el horizonte. No estoy diciendo que debamos reprimir nuestras emociones y avanzar sin procesar un evento molesto, pero ¿cuánto tiempo llevará procesarlo? Nunca le diría a nadie: «Tan solo supéralo», pero te invito a ser consciente de lo que haces para procesar la situación. ¿Se lo cuentas solo a tu terapeuta o mejor amigo, o se lo cuentas a todos los que te escuchan?

Para mí, elegir una persona con la cual desahogarme ha marcado la diferencia. De hecho, este es el segundo mandamiento del Método CLB: selecciona a una persona a quien contarle la historia, y eso es todo. Ninguno de estos mandatos está diseñado para ser usado a la perfección, pero inyectarán conciencia en lo que dices. Una vez que adquieras esta habilidad, no hay vuelta atrás. Es como si hubiera una grieta en la pared, y solo se hiciera más y más grande

UN IRRITANTE ES LO QUE QUEREMOS PORQUE ESTOS SON COMO EJERCICIO PARA NUESTRA ALMA, HACIÉNDOLA GENEROSA, AMOROSA, EMPÁTICA Y AMABLE.

Sé que puede sonar contradictorio querer un irritante en tu vida, pero créeme, una vida en la que conseguimos todo lo que queremos es una vida construida sin músculo interno. Recuerda que el corazón es un músculo y, como tal, cuando se rompe, se vuelve más grande.

Una vez escuché una entrevista con Howard Schultz, el fundador de Starbucks. El entrevistador le preguntó sobre cómo cría a sus hijos, considerando que es uno de los hombres más ricos del mundo. Howard le dijo al entrevistador que no les da nada y les hace trabajar por todo. El entrevistador se inclinó y volvió a preguntar: «¿No les das nada? ¿Por qué?» Howard respondió: «Así es. No les doy nada porque no quiero robarles la oportunidad que yo tuve». Howard Schultz salió de la nada y construyó un imperio. Sabe que darles a sus hijos todo lo que quieren les robaría la oportunidad que él tuvo. Howard construyó su caja de herramientas de vida desde cero y quiere que sus hijos tengan esa oportunidad también.

Cuando apliques el Método CLB, sabrás cómo manejar tus irritantes en la forma adecuada. Estos se convertirán en los factores definitivos para tu éxito y tu crecimiento. ¡Felicidades! Has desbloqueado el secreto de la libertad emocional y la independencia.

CAPÍTULO 31

NO HAY ERROR EN LO DIVINO

ALGO MUY HERMOSO LES SUCEDE A LAS PERSONAS CUANDO SU MUNDO ES DESTRUIDO: UNA HUMILDAD, UNA NOBLEZA, UNA INTELIGENCIA SUPERIOR EMERGE JUSTO EN EL MOMENTO EN QUE NUESTRAS RODILLAS TOCAN EL SUELO.

– MARIANNE WILLIAMSON

¿Crees que todo está en perfecto orden? Para creer verdaderamente en lo divino, debes estar convencido de que todo está sucediendo como debe. Para estar en paz en este mundo, debes rendirte al 100 %. Debes confiar en que lo que tienes es mejor que lo que querías o que pensabas que querías. Sé que esto es difícil. Confía en mí.

Hace un año fui a visitar a unos amigos en Uruguay. Pero, por cosas del destino, perdí mi vuelo de conexión cuando llegué a Buenos Aires temprano en la mañana. Cualquier otro día, esto habría sido un gran problema. Pero, gracias a mi práctica del Método CLB y a la meditación, pude emplear una perspectiva diferente. En el momento en que me di cuenta de que había perdido mi vuelo, supe que era lo mejor. En lugar de preocuparme, llamé a mi tía, a quien no veía desde hacía nueve años y que vive en Buenos Aires. Pude pasar toda la mañana con ella. Y eso no es todo, ¡también conocí a su hija! Y como si eso no fuera suficiente, también logré almorzar rápidamente con mi amiga Isha, a quien no veía desde que se mudó de regreso a Buenos Aires hacía más de un año. ¡Qué manera de convertir un vuelo perdido en una aventura inesperada! Mientras caminaba hacia mi puerta de embarque al final del día para tomar mi vuelo a Uruguay, me di cuenta de que estaba llorando. Me encontraba muy conmovido por cómo el universo me cuidó ese día mucho mejor de lo que yo podría haberlo hecho. Mi corazón explotaba de amor y confianza.

Tenemos que empezar a pensar en la vida como un GPS. Necesitamos saber a dónde queremos ir y luego dejar que el increíble GPS de la vida dicte cómo llegamos allí. Algunas de las experiencias más increíbles provienen de los desvíos más inesperados. Soy un gran defensor de tener una visión clara (o lo más clara posible), pero siempre me aseguro de dejar espacio para que lo desconocido dicte el camino.

Abraham Hicks, uno de mis grandes maestros espirituales, hizo una gran comparación sobre la vida y estar de vacaciones. Si analizas unas vacaciones de manera objetiva, te percatarás de que acabas en el lugar donde comienzas (tu hogar). Dado que ya estás en el sitio en el que vas a terminar, ¿por qué ir? Pero luego recuerdas que no vas de vacaciones para acabarlas, sino para experimentar un nuevo lugar, conocer a otras personas, comer manjares, etc.

CONFIAR EN LOS GIROS DE LA VIDA TE CONDUCIRÁ A LOS CAMINOS MÁS INCREÍBLES.

Esto también sucederá a medida que te familiarices con el Método CLB. Tal vez cuando descubras que perdiste ese vuelo, habrá un momento en el que sentirás resistencia, pero será fugaz. Mientras más permitas que «la vida» te suceda, más motivación tendrás para buscar otras opciones que se hayan abierto porque una puerta se cerró. En vez de lamentarte porque una supuesta oportunidad se fue, sabrás de inmediato que cuando algo termine, algo mejor comenzará y tomará su lugar. Algunas de mis mayores alegrías han sido cuando estoy en una cierta situación de colapso y noto lo tranquilo y sereno que me siento en medio de ella. Esa experiencia me conmueve hasta las lágrimas.

Haz esto por un tiempo y te convertirás en un maestro de la realidad, y te fusionarás fácil y rápido con la vida. Imagina una realidad en la que sabes con absoluta certeza que todo lo que está sucediendo es para mejor. Sin resistencia, solo fluidez... y mucho «Cállate La Boca».

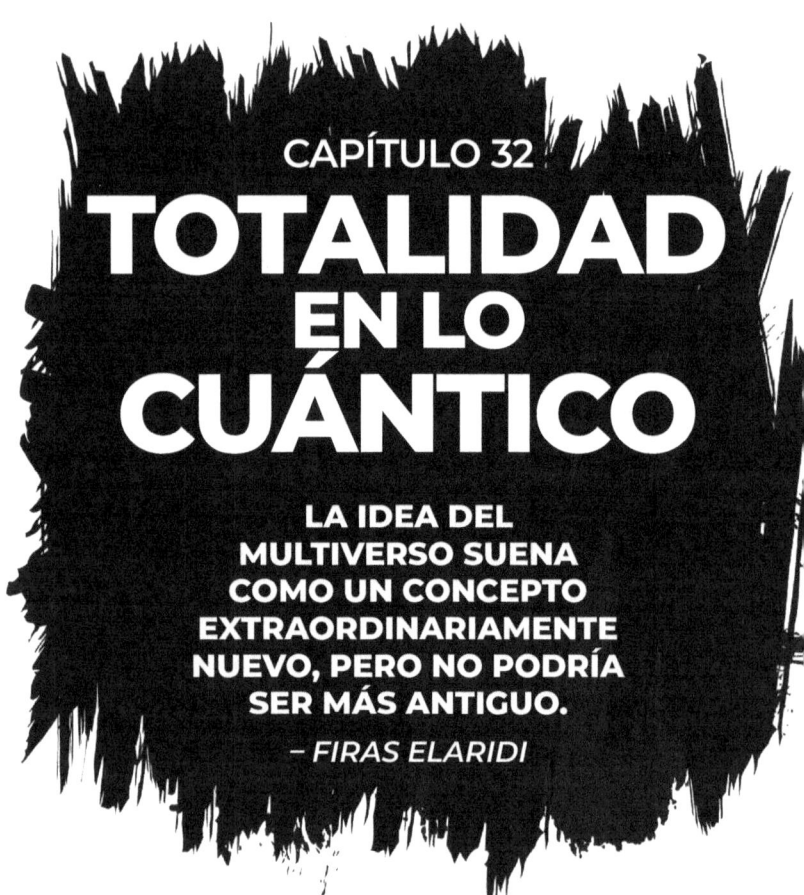

CAPÍTULO 32

TOTALIDAD EN LO CUÁNTICO

LA IDEA DEL MULTIVERSO SUENA COMO UN CONCEPTO EXTRAORDINARIAMENTE NUEVO, PERO NO PODRÍA SER MÁS ANTIGUO.

– FIRAS ELARIDI

A medida que desarrolles una mayor comprensión de tu acceso a múltiples posibilidades y te alinees con las que deseas, algunas pautas te serán útiles. El Método CLB será tu mayor aliado para protagonizar la vida de tus sueños; así es como funciona.

Como serás un maestro en monitorear lo que dices, producirás menos pensamientos derrotistas que de otro modo te alejarían de tus anhelos. Es importante recordar que eres el observador de tu propia realidad, pero esta acción no es pasiva. Cuando observes algo, serás mucho más intencional sobre lo que quieres ver.

Por ejemplo, si ves a alguien teniendo un berrinche, lo mirarás con ojos de compasión. Intentarás empatizar con su comportamiento. Y si no puedes encontrar una forma de sentir empatía, alcanzarás un nivel de aceptación inquebrantable. Esto significa que te darás cuenta y aceptarás que hacen lo mejor que pueden en ese momento. Comprenderás desde lo más profundo de ti mismo que están siendo quienes deben ser en ese instante. Esto no significa que apoyes su comportamiento ni que no habrá consecuencias, sino que no batallarás mentalmente con lo que están haciendo.

El Método CLB será tu mayor aliado para encontrar la paz personal. Al principio, será chocante. No voy a mentir; habrá un período en el que te sentirás extrañeza con el mundo y con la nueva forma de configurar cómo piensas y hablas. Los temas y conversaciones que antes te traían tanto placer ya no te llenarán. Muchas personas con las que solías salir ahora las percibirás como a extraños. Pero confía en tus nuevas acciones y en lo desconocido en general. Pronto, experimentarás mucha paz y, antes de que te des cuenta, un sentimiento de plenitud será tu nueva normalidad.

Cuando hablo de plenitud, me refiero a esa sensación de tener todo lo que necesitas aquí y ahora. Es un sentimiento de completa satisfacción, donde no hay ningún sentido de carencia. Esta puede parecer la sensación más extraña, en especial en un mundo donde todo el tiempo nos condicionan a perseguir lo próximo. Pero creo que hay una forma de encontrar un equilibrio saludable entre abrazar la emoción del futuro mientras honramos la riqueza del momento presente. Después de todo, el ahora es donde existe la verdadera realidad; el pasado y el futuro son solo ilusiones fugaces. Al perfeccionar tus habilidades como observador y sumergirte por completo en el presente, te abrirás a experiencias realmente increíbles.

Cuando digo que el campo cuántico ama la plenitud, quiero decir que cuanto más sientas que no necesitas nada, más acceso tendrás a los millones de posibilidades que existen para ti. Sé que suena como una paradoja, por no decir más, pero cuanto menos deseas algo, más probable es que lo consigas. Qué regalo tan increíble te estás dando con el Método CLB. Te estás desintoxicando de todo lo que se interpone en el camino de tus sueños. Sentirás los efectos en cadena del Método CLB cuando comiences a notar cuánto amor tienes por tu vida tal y como es. Amarás cómo te ves, cómo te sientes y a quién te rodea. Cada instante será un recordatorio del milagro de la vida y ya no darás ningún momento por sentado. Puedes estar en el tráfico más lento del mundo, pero te sentirás como si estuvieras en la mejor fiesta.

A MEDIDA QUE PROFUNDICES EN EL MÉTODO CLB, ENCONTRARÁS UN PROFUNDO SENTIMIENTO DE PAZ Y DE PLENITUD.

De repente, la urgencia de cambiar tus circunstancias actuales desaparecerá, reemplazada por un reconocimiento profundo de tu grandeza inherente tal como eres en este momento. Comprenderás que la grandeza no es un destino lejano por el cual esforzarse; es la simple conciencia de disfrutar del mar sin límites del momento presente.

El campo cuántico se abrirá para ti con su multitud de posibilidades, porque te sentirás totalmente satisfecho con tu vida, ya sea que consigas lo que quieres o no. Imagina experimentar algo con libertad sin el apego de creer que serías más feliz si lo obtuvieras.

Visualiza cómo sería si, 24 horas al día, siete días a la semana, estuvieras convencido de que lo que obtienes en la vida es lo mejor para ti. Se sentirá igual si obtienes un «sí» o un «no» sobre algo que deseas. Y cuando obtengas un «no», comprenderás en un corto período de tiempo por qué fue lo mejor que podría haber pasado. Tu cerebro se convertirá en una máquina súper efectiva que detectará lo positivo en cada situación. El observador en ti se volverá adicto a notar lo que está bien y a aceptar cada momento, sin importar cómo luzca.

Lo más poderoso de esto es que el hecho de aceptarlo no significa que no desees que cambie. Puedes abrazarlo tal y como es y, al mismo tiempo, trabajar hacia tus objetivos. La única diferencia es que, al abrazar el momento presente, alcanzarás tus metas más rápido.

Hemos hablado de cómo el tiempo es una construcción de nuestra vida humana y cómo en el mundo cuántico (donde hay infinitas posibilidades), no existe el tiempo. A medida que te sientas más y más completo (en gran parte porque ya no repites tus creencias limitantes), atraerás las increíbles experiencias que deseas. La mejor parte es que estas llegarán, pero se sentirán como ocurrencias sin importancia.

ESE ES OTRO EFECTO SECUNDARIO PODEROSO DEL MÉTODO CLB: TU NIVEL DE PLACER NO ESTARÁ TAN DICTADO POR LOS SENTIDOS.

Sí, tendrás preferencias, pero no sacrificarás la perfección del momento, justo como es. Este instante podría ser todo lo que tendrás. Considera esto: pasamos mucho

tiempo pensando en las cosas que queremos y apre-
surándonos para obtener la próxima cosa. ¿Cuántas
veces hemos escuchado esas historias de personas que
nunca llegaron a su próximo momento? Tal vez hubo un
accidente que les quitó la vida o alguna enfermedad re-
pentina que los reclamó. ¿Crees que se habrían sentido
diferentes si hubieran sabido que ese día era su último?
¿Qué hay de cada respiración que tomaron esas últimas
24 horas? ¿Crees que las habrían agradecido? ¿Qué
pasaría si este momento fuera TODO?

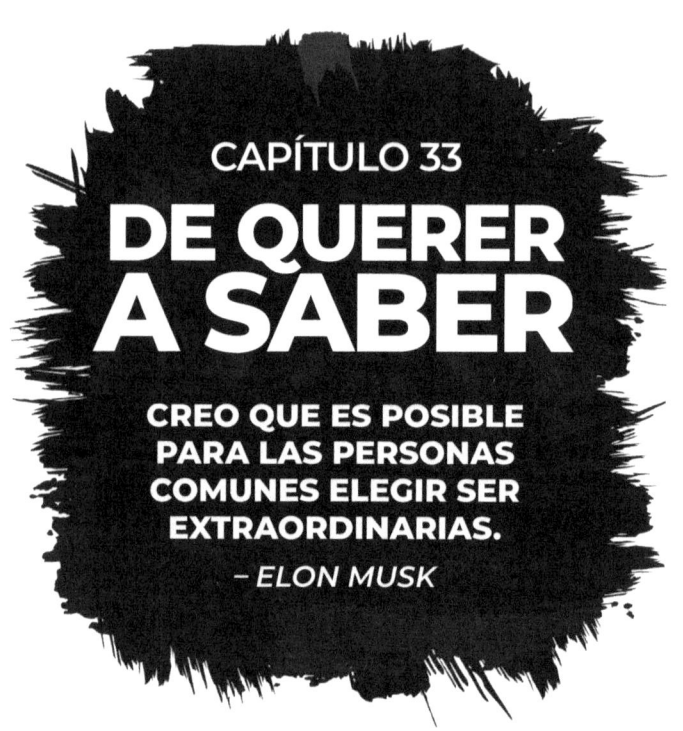

CAPÍTULO 33

DE QUERER A SABER

CREO QUE ES POSIBLE PARA LAS PERSONAS COMUNES ELEGIR SER EXTRAORDINARIAS.

– ELON MUSK

Cuando dependemos en gran medida de nuestros cinco sentidos, el deseo por algo a menudo nos ciega. Esto se ve a la perfección en los niños que hacen berrinches cuando no pueden tener lo que quieren. Es una parte natural del comportamiento humano, nada de qué culparnos. Sin embargo, a medida que el Método CLB echa raíces en ti, ocurre un cambio: de «desear» a «saber».

Esta transición implica un alejamiento del dominio de nuestros cinco sentidos sobre nuestro ser. Seguirás persiguiendo tus deseos, pero con un profundo conocimiento interno de que la situación perfecta ya está disponible para ti en el momento presente. Considera esto: a nivel subconsciente, puede que desees lo que ya tienes. Piénsalo, cuando tu realidad se alinea con tus deseos, es cuando te sientes más contento. Entonces, ¿qué pasaría si vivieras en un estado perpetuo de desear lo que tienes? Ya sea que haga sol o llueva, ya sea que pierdas un vuelo o no, todo es perfecto, exactamente como debería ser.

Es fascinante considerar que, si todo el tiempo vivieras en un estado de «desear lo que tienes», eventualmente te darías cuenta de que posees todo lo que quieres en cada momento. Imagínalo: existir en un estado perpetuo de plenitud mientras navegas por la vida. En este estado, sería muy natural que tus deseos se manifestaran sin esfuerzo, puesto que ya estás contento con lo que tienes.

Es crucial darnos un chequeo de realidad de vez en cuando, para sumergirnos en la atención plena del momento. Necesitamos hacer una pausa y preguntarnos: «¿Cómo se siente este instante? ¿Algo más podría mejorarlo? ¿Qué adición mágica podría hacerlo aún mejor?» Y aquí está el asunto: ¿podemos confiar en nuestras mentes cuando sugieren que este momento mejoraría con algo más? ¿Cómo podemos saber que es cierto?

AL USAR EL MÉTODO CLB, PUEDES ENTRENAR TUS MOMENTOS PARA PASAR DE UNA MENTALIDAD DE DESEAR A UNA DE SABER.

En este estado, aún tienes la habilidad de perseguir tus intereses, metas y sueños, mientras te rindes a la certeza de que el mejor resultado siempre se está desarrollando en tiempo real. Ahora bien, lo entiendo, esto puede sonar un poco desconcertante. ¿Cómo se puede estar completamente rendido al momento presente mientras se trabaja de manera activa para cambiarlo? Aquí está el truco: cuanto más profundo te sumerjas en el Método CLB, menos dependerás de tus cinco sentidos. Fusiona eso con la meditación y tienes la combinación ganadora. La meditación te ayudará a acceder a niveles más altos de paz y equilibrio, mientras que el Método CLB te entrenará para evitar el auto sabotaje al monitorear el lenguaje que usas.

Pasar de «desear» a «saber» vendrá muy fácil cuando hagas esto. Antes de que darte cuenta, experimentarás los momentos más perfectos y notarás que no querrás que cambien. Pasarás de un instante ideal a otro. Claro, habrá cosas del futuro que te entusiasmarán, pero no querrás que se apresuren y te roben la perfección del ahora. Imagina una vida en la que persigues y experimentas cosas no solo para terminarlas, sino desde un lugar de completa rendición y presencia.

CAPÍTULO 34

CLB ES TU NUEVO GPS

LOS PATRONES PROVIENEN DE HISTORIAS EN TU MENTE. TOMA EL CONTROL. SILENCIA LA MENTE PARA ROMPER CUALQUIER PATRÓN.

– MEGAN PORMER

Amenudo se dice que todo comienza con un pensamiento. Tiene sentido, pues la función principal de la mente es pensar. Los tipos de razonamientos que generamos están influenciados por nuestros condicionamientos y predisposiciones genéticas. ¿Sabías que, en promedio, tenemos alrededor de 70,000 pensamientos por día? Y, como hemos discutido anteriormente, muchos de estos pensamientos son retomados por el cerebro. ¿Por qué? Bueno, el cerebro opera como un sistema altamente eficiente al reciclar pensamientos para conservar energía y optimizar la efectividad.

Aquí es donde brilla la genialidad del Método CLB. Estás, en esencia, *hackeando* el sistema operativo de tu cerebro en tiempo real. Al interrumpir de forma consciente los patrones habituales de tu autoconversación, estás obligando a tu mente a generar nuevos pensamientos. Míralo como si fueras tu propio sistema de GPS; decides tomar un giro diferente y embarcarte en una nueva aventura. Con el Método CLB, influyes directamente en tus pensamientos, acciones y emociones. Al abstenerte de participar en tu típica autoconversación negativa, estás secuestrando el piloto automático del cerebro y dirigiéndolo hacia la creación de nuevas perspectivas. Estas nuevas ideas conducen a nuevas acciones, que a su vez provocan emociones novedosas y más positivas. Es un ciclo poderoso de transformación que al final conduce a resultados más favorables.

Créeme, es como cualquier otra práctica. Cuanto más lo haces, más tu mente subconsciente lo integrará y lo convertirá en un hábito. Al principio, cuando comienzas a monitorearte y te enfocas solo en debatir lo que deseas, tu cerebro se adaptará a este nuevo patrón. Antes de darte cuenta, te inclinarás con naturalidad hacia conversaciones y temas que te eleven y que te hagan sentir bien. Por supuesto, aún estarás involucrado en la sociedad y podrás debatir sobre eventos actuales, pero te encontrarás moviéndote dentro y fuera de esas conversaciones sin quedar atrapado en diálogos agotadores o negativos.

UNA VEZ MÁS, ESTO NO SE TRATA DE SUPRIMIR NINGÚN TIPO DE EMOCIÓN.

Se trata de mantener un nivel de atención plena sobre lo que dices, que impactará con profundidad la calidad de tu vida. Una vez que comiences a vivir de esta manera, no habrá vuelta atrás, y te encantará. Por supuesto, esto no se trata de perfección. Si hay momentos en los que te involucras en chismes o monólogos interiores negativos, no te autoflageles. Lo reconocerás y seguirás adelante.

Soy muy exigente con respecto a tener una rutina mañanera poderosa. Para mí, la mañana es crucial para preparar mi día. Toma tu diario y comienza con tu GAV (gratitud, afirmación y visualización), establece tu intención para el día y luego pasa a tu práctica de meditación.

Cuando regreses a casa por la noche, justo antes de acostarte, toma tu cuaderno de nuevo y realiza tu práctica de Gratitud-Afirmación-Visualización (GAV), seguida de una breve meditación si es posible. Créeme, se vuelve más fácil y natural con el tiempo. Solo necesitas adoptar una mentalidad en la que, además de tomar acción en tu vida, también priorices trabajar con el campo de energía en aras de alinearte para el día siguiente. Ten en cuenta que tu cerebro es más receptivo a las sugerencias justo antes de acostarte y al despertar. Aprovecha al máximo esta increíble computadora, el cerebro, para manifestar la vida de tus sueños.

Recuerda, la vida perfecta no se mide solo por lo que obtienes o logras; se trata de cómo experimentas cada momento, sin tomar en cuenta su naturaleza. Al reconfigurarte para vivir en el presente, cultivarás un continuo sentido de apoyo a lo largo del día. Experimentarás una porción del cielo en la Tierra, sin importar las circunstancias externas.

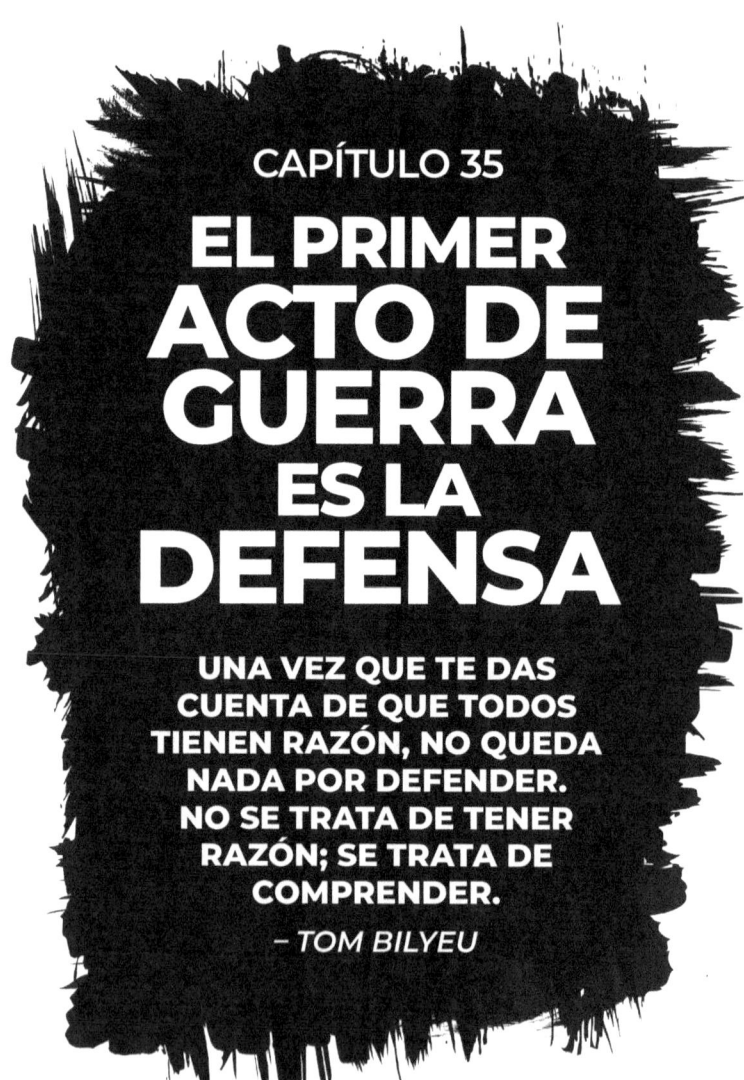

CAPÍTULO 35

EL PRIMER ACTO DE GUERRA ES LA DEFENSA

UNA VEZ QUE TE DAS CUENTA DE QUE TODOS TIENEN RAZÓN, NO QUEDA NADA POR DEFENDER. NO SE TRATA DE TENER RAZÓN; SE TRATA DE COMPRENDER.

– TOM BILYEU

A medida que el Método CLB evolucione en ti, tu deseo de defender cualquier cosa disminuirá enormemente. Lo que pasa con la defensa es que está desencadenada por emociones de supervivencia. Estas son las que nos guían a proteger y defender. Con el Método CLB, encontrarás cada vez menos la necesidad de controlar y defender; verás que lo que está sucediendo ahora es lo que en realidad deseas y tratar de controlarlo sería como no saborear un plato increíble hecho en especial para ti.

El otro día, estaba con un amigo y fuimos a ver la puesta de sol en la playa. Por accidente, su coche quedó atascado en la arena. Estábamos en esta vibración de que nada podía arruinar el momento. Pero pasaron dos horas y comencé a estar un poco ansioso. Aunque esto no era nada en comparación con cómo solía sentirme. Llamamos a una grúa y esperamos. Por suerte, mi amigo vio a alguien que conocía, quien nos dio un aventón hasta la fiesta a la que planeábamos ir después de la playa. La grúa nunca llegó, pero mientras estábamos en la fiesta, se me ocurrió llamar al encargado de la casa donde me estaba quedando y preguntarle si tenía una cuerda para sacar el coche. Aceptó venir. Al principio, el coche no se movía de la arena, pero después de un buen empujón, por fin logramos sacarlo.

Cuando el coche quedó atascado en la arena, ese fue mi momento de poner en práctica el Método CLB. Como no me sentí amenazado, no dependí de mis instintos de supervivencia, sino que recurrí a mi creatividad. ¿Y sabes qué? Al final, incluso tuve la iluminación de darle al coche ese empujón final que salvó el día y lo sacó de la arena. Fue increíblemente satisfactorio irme a dormir esa noche, sabiendo que había conquistado tanto a mí mismo como a la situación. Me divertí mucho en la fiesta y ayudé a un amigo con mis ideas innovadoras.

LA VIDA SE VUELVE MUCHO MÁS FLUIDA CUANDO TE COMPROMETES A HACER EL TRABAJO INTERIOR, CUALQUIERA QUE SEA LA FORMA QUE ESO TOME PARA TI.

La clave es establecer una práctica matutina y vespertina que incluya GAV, junto con la meditación y la aplicación del Método CLB. Piensa en ello como plantar semillas en tu jardín personal. Al principio, tus rutinas pueden no parecer tan emocionantes, al igual que cuidar de semillas. Pero, con dedicación constante, esas semillas florecerán en una cosecha abundante. Antes de que te des cuenta, tu jardín estará lleno de bambú resistente e imparable. Tus pensamientos se fortalecerán y resonarán con niveles elevados de amor y positividad.

Cuando operas desde un lugar de altas vibraciones de amor, no hay necesidad de defender nada porque no te sientes amenazado por fuerzas externas. Imagina que fluyes sin esfuerzo con las corrientes de la vida sin la necesidad de forzar cambios. Sin autocrítica ni el impulso de manipular resultados, navegarás la vida estableciendo intenciones, sin sentirte obligado a tomar acciones forzadas. Trabajos, relaciones, salud, amistades, todo se alinea a la perfección. Te sorprenderá cómo tus sueños se manifiestan sin esfuerzo y requieren una energía física mínima, pero producen resultados extraordinarios.

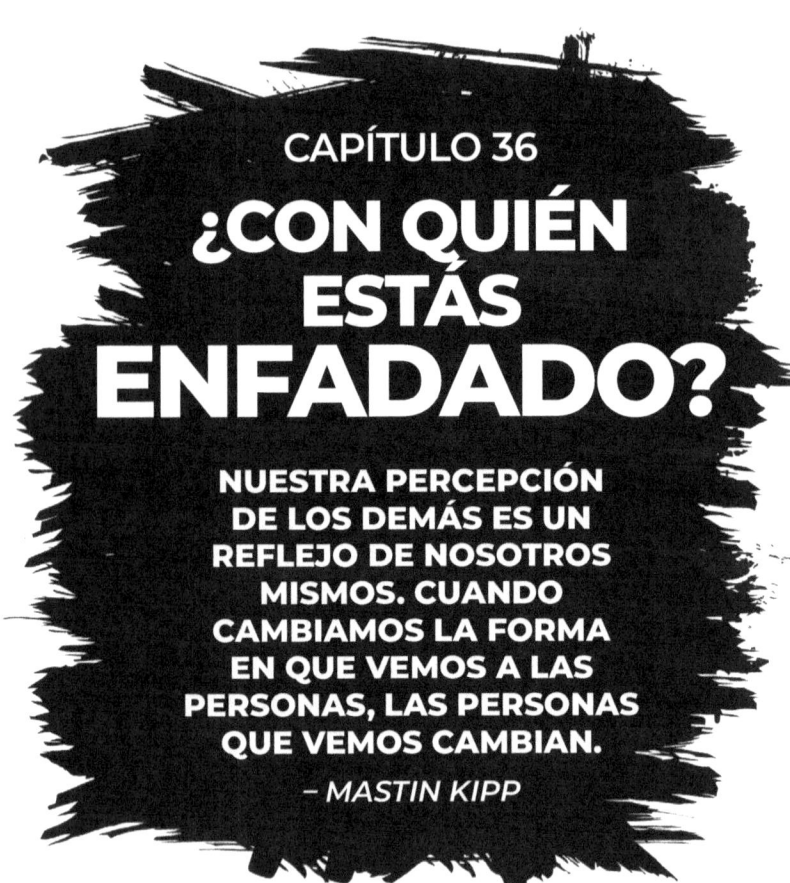

CAPÍTULO 36

¿CON QUIÉN ESTÁS ENFADADO?

NUESTRA PERCEPCIÓN DE LOS DEMÁS ES UN REFLEJO DE NOSOTROS MISMOS. CUANDO CAMBIAMOS LA FORMA EN QUE VEMOS A LAS PERSONAS, LAS PERSONAS QUE VEMOS CAMBIAN.

– MASTIN KIPP

Después de aplicar el Método CLB con consistencia, experimentarás una transformación profunda. Las investigaciones indican que las células de tu cuerpo se replican de forma continua, y ciertos órganos y sistemas se regeneran por completo en cuestión de meses. De manera similar, los cambios que trae consigo el Método CLB ocurrirán a un ritmo acelerado; remodelarán tu mentalidad y perspectiva de la vida de una manera notablemente rápida.

Ya no sentirás la necesidad de hablar sobre dramas y no querrás debatir sobre cosas que no deseas en tu vida. Hace poco fui a una fiesta de Año Nuevo con algunos amigos, y hubo momentos en los que me vi arrastrado en diferentes direcciones para «resolver pequeños dramas». Estaba feliz de poder abrazar con plenitud la paz mientras ayudaba a mis amigos. Pero lo que sucedió al día siguiente fue hasta más perfecto.

No sé en tu caso, pero en mi grupo de amistades, el día después de una fiesta es cuando todos se llaman y hablan sobre lo que pasó. Básicamente, comparten los chismes y las buenas historias. El día después de Año Nuevo, no tenía ningún deseo de hablar sobre el drama de la noche anterior. No estaba seguro de quién sabía qué, pero no me importaba.

No tengo palabras para expresar lo satisfactorio que se siente saber que superé viejas formas de ser. Me sentí genial al presentarme como alguien que solo difunde paz, presta un oído, ofrece una mano y soluciones. Me enorgullece que esto se haya convertido en mi configuración predeterminada.

Como mencioné antes, con el Método CLB, todos tienen una oportunidad. Recuerda preguntarte: «¿Con quién estoy enojado?» Cuando alguien te moleste, quiero que identifiques al verdadero enemigo. ¿No puedes encontrarlo? Eso es porque no existe. Al estar en conflicto, el único enemigo real es cómo pensamos sobre el conflicto. Tu oponente desaparecerá cuando arregles tus pensamientos sobre una situación.

EN TÉRMINOS MÁS BÁSICOS, CUANDO TE ENOJAS CON ALGO O ALGUIEN, TE ESTÁS RESISTIENDO A QUE SEA COMO ES. ESTÁS LUCHANDO CONTRA LA REALIDAD.

Esto no significa que lo que te enoja no cambiará más adelante o que no debas alejarte de ello. Cuando experimentas algo que no disfrutas (ya sea una persona o una película), sé realista contigo mismo sobre por qué elegiste estar experimentándolo. Tal vez estás ayudando a un amigo y piensas que, si estuvieras en su situación, querrías que alguien te respaldara. Sea lo que sea, puedes elegir la historia que te satisfaga. Lo que quiero decir con esto es que todos tenemos el poder de escoger una narrativa que nos dé más paz y haga la situación más soportable.

Cuando me pregunto con quién estoy enojado, el enojo se desvanece. A medida que te vuelvas más cercano con el Método CLB, empezarás a aceptar más cómo son las cosas. La ironía es que al hacer esto último, la situación se volteará a tu favor porque no estarás en resistencia. La energía de la resistencia trae más resistencia, pero la energía del flujo se alinea con más flujo.

¡Qué divertido es estar en este mundo, pero no pertenecer a él y saber que cualquiera que sea el cableado con el que vinimos, puede ser reconfigurado! Cuando hablo del Método CLB, te estoy invitando a hablar a favor de la vida de tus sueños.

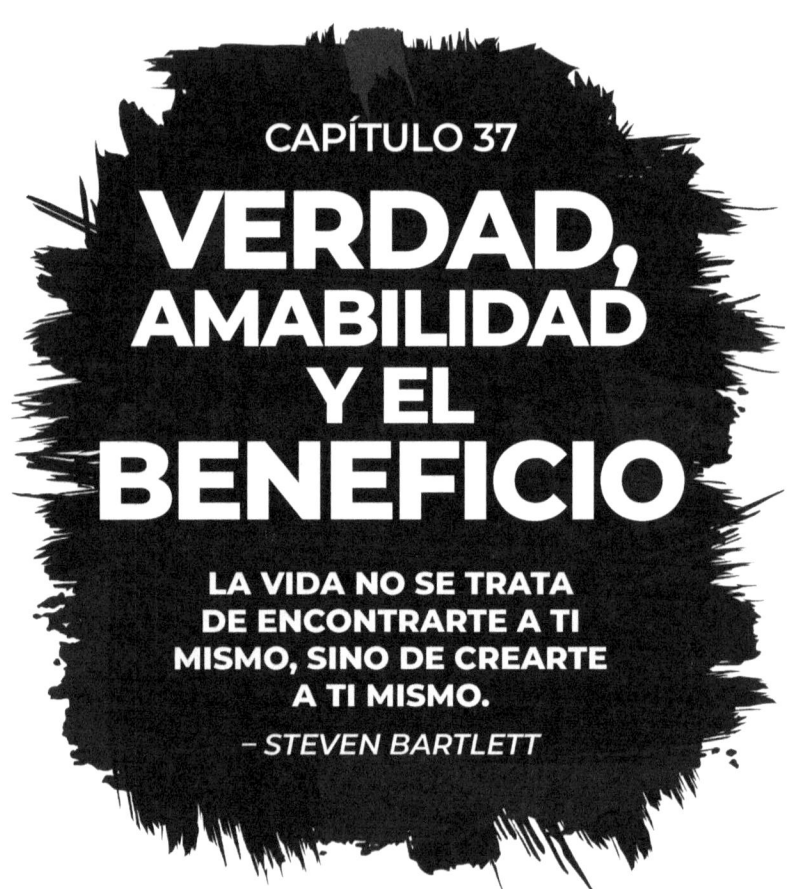

CAPÍTULO 37

VERDAD, AMABILIDAD Y EL BENEFICIO

LA VIDA NO SE TRATA DE ENCONTRARTE A TI MISMO, SINO DE CREARTE A TI MISMO.

– STEVEN BARTLETT

Gran parte de este libro se la debo a mi mejor amiga, Kelly Sprague, quien es una maestra increíble y una líder de pensamiento emergente. Kelly ha sido tanto estudiante como maestra de espiritualidad durante la mayor parte de su vida y su presencia puede tocar tu corazón. Le había estado diciendo durante un tiempo: «Si alguna vez escribo un libro espiritual, ¡se llamará 'Cállate la boca'!» Un día, ella me desafió: «¿Cuándo vas a empezar a escribir este libro?» y *voilà*, ¡aquí está!

Una vez me dijo que antes de opinar en una conversación tiene tres preguntas en mente: «¿Es verdad? ¿Es amable? ¿Es beneficioso para la otra persona?» Siento que estas son preguntas increíbles que deben tenerse en cuenta antes de emitir cualquier criterio. Recuerda que el Método CLB se volverá más automático a medida que profundices en la práctica y, hasta que llegues allí, solo tienes que ser intencional con lo que dices.

Por supuesto, habrá momentos en los que chismorrearás o no hablarás bien de alguien. Y está bien. El hecho de que ahora serás consciente de lo que dices marcará la diferencia.

No hay una forma correcta o incorrecta de usar el Método CLB. Sé que esto puede sonar extraño, pero créeme. Una vez que te vuelvas más consciente, notarás qué poco hablas sobre las cosas y las personas que no deseas experimentar.

Quiero que prestes mucha atención a lo que acabo de escribir, que lo internalices. Cuando dices cosas negativas sobre alguien, en realidad solo estás describiendo a alguien que no quieres experimentar. Esto no significa que debas mantener a esa persona en tu vida, pero tus experiencias con ella probablemente coincidan con las cosas negativas que has verbalizado. Dicho de otro modo, tus palabras afectan cómo percibes e interactúas con las personas. Si afirmas que alguien es «un dolor de cabeza», alimentas energéticamente la forma negativa en que experimentas a esa persona. Si alguien te dice: «Bobby es una pesadilla», y tú respondes con: «Yo creo que él es interesante», verás cómo tu nueva construcción verbal de esa persona comenzará a transformar tu experiencia con ella.

Me emociono mucho cuando conozco a alguien que no me gusta. Pienso: «¿Qué historia me estoy contando sobre ti que me impide disfrutarte?» No me importa cuántas personas piensen que Bobby es una pesadilla; en el momento en que estoy de acuerdo, soy yo quien pierde. Y entonces la pregunta se convierte en: «¿Quieres tener razón o quieres ser feliz?» Si quieres tener razón, sigue adelante y concuerda con la mayoría de las personas que llaman a Bobby una pesadilla. Pero si quieres ser feliz, comprométete a estar equivocado sobre él.

Encuentra esa característica redentora en la persona de la que, de otra manera, hablarías con negatividad. Busca algo que pueda ayudarte a verla con más empatía. En el momento en que miras a alguien con empatía, te permites experimentarlo de manera diferente.

Recuerda, todo este mundo existe en tu interpretación de él. ¡Todo! Limpia cómo ves a los demás y observa cómo la magia se despliega. Cuando digo limpiar quiero decir que, si alguien te parece agresivo, comienza a preguntarte cómo llegó a ser así y suaviza esa narrativa. Y, aun así, haz lo que debas hacer, ya sea irte o decirle a esa persona que su comportamiento no te sienta bien.

A través de mi experiencia con el Método CLB, descubrí un fenómeno notable: ya no me sentía obligado a confrontar a otros sobre sus comportamientos o rasgos que no resonaban conmigo. En cambio, me enfoqué en trabajar en mi interior y moldear mi percepción de ellos en alineación con mis deseos. Sorprendentemente, fui testigo de cómo las personas cambiaban para mejor o se alejaban por sí solos de mi vida. Este proceso de transformación es acumulativo; como dice el refrán: «Estás donde estás». Al ser consistente en la aplicación del método, poco a poco coseché los beneficios, y experimenté mejoras crecientes en mi vida.

LA BELLEZA DEL MÉTODO CLB RADICA EN SU SIMPLICIDAD Y EFECTIVIDAD PROFUNDA.

Al abrazar el principio de «describe el mundo como quieres que sea y velo de esa manera», te empoderarás para moldear la realidad según tus deseos. A través de la práctica de silenciar la autoconversación negativa y enmarcar conscientemente tus percepciones, allanas el camino hacia la manifestación de la vida de tus sueños.

Antes de opinar en una conversación, recuerda preguntarte: «¿Es verdad? ¿Es amable? ¿Es beneficioso para la otra persona?» Kelly me dio esta gran herramienta, y ahora te la doy a ti. Cuanto más la uses, más innata y automática se volverá en ti. Antes de que te des cuenta, pasarás de una conversación milagrosa a otra. Vivirás asombrado de cuánto amas a todos y de cuánto te aman a ti.

CAPÍTULO 38

SUPERA TU ENTORNO

NO ESTAMOS APRISIONADOS POR NUESTRAS CIRCUNSTANCIAS. SOMOS LIBERADOS POR NUESTRAS ELECCIONES.

– RYAN HOLIDAY

Este tema se encuentra esparcido a lo largo de este libro. He vivido en Los Ángeles durante las últimas dos décadas, y recuerdo que, justo antes de mudarme desde Nueva York, todos me decían que odiaría LA y que volvería en poco tiempo. Cuando la gente decía eso, en mi cabeza, me decía: «Gracias por compartir, pero esa no será mi realidad».

O eso pensaba.

Mi primera experiencia en Los Ángeles fue como agente de fotografía. Representaba a fotógrafos y producía sesiones de fotos.

Poco después de llegar, me integré a un círculo de amigos famosos. Me hice amigo de un fotógrafo reconocido y de su musa. Un día, me invitaron a una fiesta en Hollywood. Digamos que el anfitrión estaba encantado cuando llegamos. No voy a mentir, fue el mejor trato que he recibido en mi vida. Él nos colmaba de atención a los tres por igual. En ese momento, pude ver con claridad cuán adictivo era ser una celebridad. ¿A quién no le encantaría ser adorado así? El anfitrión me dijo que la fiesta duraría toda la semana y que era más que bienvenido a regresar al día siguiente.

Así que, por supuesto, volví. Pero esta vez, traje a dos fotógrafos que no eran famosos. Tan pronto como entré, me encontré con el anfitrión. Ni siquiera me miró. No estoy bromeando. Me puse justo frente a él y fue como si nunca me hubiera visto. Intenté agarrarlo juguetonamente y apartó mi mano.

En ese momento, recuerdo vívidamente haberme sentido lleno de rabia. Era casi como si el tiempo se hubiera detenido. Lo único que podía oír eran las voces de mis amigos de Nueva York diciéndome que todos en Los Ángeles eran tan falsos y «Hollywood esto...» y «Hollywood aquello...»

Pero luego mi rabia se detuvo y recibí una gran revelación. Escuché una voz divina decir: «No es personal».

Una ola de paz me envolvió y tomó control completo de mi cuerpo. Entonces, me di cuenta: nunca es personal. Cuando la gente en Hollywood te ama, no se trata de ti, se trata de lo que creen que están obteniendo de ti. Y cuando no te aman, tampoco se trata de ti, se trata de lo que creen que no están obteniendo de ti. Así que, ya sea que te amen o no, nunca se trató de ti.

Esta comprensión fue tan profunda que gracias a ella he podido navegar Los Ángeles con mucho amor. Darse cuenta de esto es una oportunidad increíble, ya que Los Ángeles es un lugar donde la realidad se amplifica para que todos podamos sanar a lo grande.

Me siento increíblemente afortunado de haber llamado a Los Ángeles mi hogar durante los últimos veinte años. Esta ciudad sirve como el campo de entrenamiento definitivo para la iluminación. Imagina esto: una metrópolis llena de almas creativas que han dejado atrás sus orígenes en busca de la grandeza. Estas personas son talentosas sin lugar a dudas, pero una parte significativa de ellas lucha con una necesidad constante de validación y reconocimiento.

En mi opinión, vivir en Los Ángeles ofrece dos caminos distintos: sucumbir al hambre insaciable de validación que tiene nuestro ego, persiguiendo siempre la aprobación externa para llenar el vacío de no sentirte lo suficiente-mente bueno; o llegar a la decisión deliberada de percibir la vida como un juego, negándote a tomarla demasiado en serio mientras dominas sus complejidades.

Mi mentora espiritual, Byron Katie, una vez compartió una idea profunda: «Los seres humanos no aman; quieren algo». Esto no significa que las personas sean puramente transaccionales o carentes de compasión. Más bien, es una invitación a reflexionar sobre cómo percibimos a los demás. Si los vemos a través de un lente de transacción e insinceridad, inevitablemente encontraremos evidencia para apoyar esa perspectiva. Sin embargo, si elegimos verlos como individuos en esencia inocentes que inten-tan navegar la vida lo mejor que pueden, también experi-mentaremos ese sentido de compasión y comprensión.

Byron Katie también dijo una vez: «Puedo entrar a una habitación y saber que todos me aman. Simplemente no espero que se den cuenta enseguida». Sus palabras contienen una verdad profunda sobre la naturaleza del amor. Sugiere que, en el fondo, todos albergamos amor el uno por el otro, incluso si no somos conscientes de ello.

Cuando accedemos a esta comprensión y abordamos las interacciones con amor y compasión, nos sentimos elevados y alineados. Es a través de esta emoción de bondad y de reflexión que reconocemos la presencia del amor dentro de nosotros y lo extendemos a los demás.

Alcanzar un nivel de paz en esa fiesta de Hollywood, donde me di cuenta de que el comportamiento de los demás no era un reflejo de mi valor, marcó un momento significativo para mí. Fue un momento de triunfo sobre mi entorno, que demostró mi capacidad para mantener la armonía interna a pesar de los desafíos externos.

SE PODRÍA DECIR QUE SUPERAR NUESTRO ENTORNO ES LA MANERA EN LA QUE MANIPULAMOS LA NARRACIÓN DE NUESTRA VIDA; ES EL PRODUCTO DEL MÉTODO CLB.

Cuando elegimos darle a algo el significado que queremos que tenga, ganamos. No solo eso, sino que es también el hábito más poderoso que podemos practicar. Juntos, debemos apoyarnos unos a otros para despertar este potencial transformador.

Cuanto más narramos lo que queremos, más alegría y paz encontraremos. Cuanta más alegría y paz encontremos, mejor nos sentiremos y más saludables seremos.

Y lo mejor de todo es que nuestra perspectiva positiva de la vida se vuelve contagiosa. Al irradiar positividad y abrazar nuestra narrativa de la vida, elevamos a quienes nos rodean. Las personas se sienten atraídas por nuestra energía positiva y estar en nuestra presencia se convierte en una experiencia linda para el mundo.

No estoy sugiriendo que te conviertas en la policía del Método CLB y monitorees al mundo. En lugar de eso, vive los principios del Método en tu vida diaria. Sé la persona que se abstiene de contribuir a discursos negativos. Aborda las situaciones con compasión y empatía. Crea un entorno de apoyo donde tus amigos se sientan valorados. Y, de vez en vez, cuando sea apropiado y esté arraigado en el amor y la generosidad, anímalos a que se ¡callen la boca!

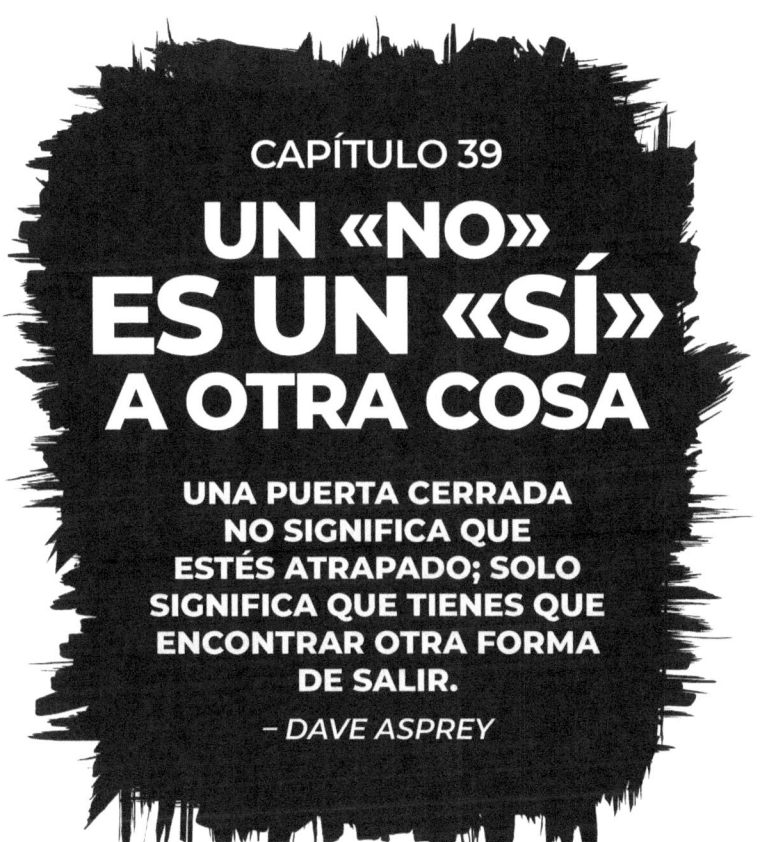

CAPÍTULO 39

UN «NO» ES UN «SÍ» A OTRA COSA

UNA PUERTA CERRADA NO SIGNIFICA QUE ESTÉS ATRAPADO; SOLO SIGNIFICA QUE TIENES QUE ENCONTRAR OTRA FORMA DE SALIR.

– DAVE ASPREY

L a noción de «lo desconocido» es algo con lo que he estado familiarizado durante tanto tiempo como puedo recordar; y resuena conmigo en todos los aspectos de mi vida.

Abrazar lo desconocido es un viaje constante, uno marcado por una transición desde la incomodidad hasta la apreciación. Creo que todos enfrentamos de manera constante la incertidumbre, anhelando el control sobre los resultados. Como he enfatizado con anterioridad, renunciar al control no nos resulta natural; requiere de un esfuerzo deliberado y de la práctica de técnicas como el Método CLB.

¿Qué pasaría si reconfiguráramos nuestra perspectiva sobre lo desconocido, y lo viéramos, no como algo que temer o evitar, sino como algo que esperar con ansias? En lugar de huir de la incertidumbre, ¿y si la abrazamos como un viaje emocionante lleno de posibilidades y sorpresas?

Un «NO» es un «SÍ» a otra cosa. Esta frase subraya la potencia del rechazo, y sugiere que una negación puede ser tan impactante, si no más, que una afirmación. Un «NO» no solo nos dirige hacia posibilidades alternativas, sino que también revela nuestro grado de apego a nuestros deseos iniciales. No se trata de desalentar la búsqueda de nuestros objetivos, sino de reconocer que lo que perseguimos puede no siempre alinearse con lo que es mejor para nosotros en el presente. Tal vez haya una oportunidad superior esperándonos, y solo a través de encontrar un «NO» la descubriremos.

AHORA, MÁS QUE NUNCA, APRECIO ENCONTRARME EN SITUACIONES MENOS QUE IDEALES PARA OBSERVAR MIS REACCIONES.

¿Cómo respondo cuando me enfrento a la adversidad, como un vuelo cancelado anunciado por el representante de la aerolínea? ¿O cómo manejo los contratiempos inesperados, como desarrollar una llaga en el labio la noche de una cita importante? Estos momentos ofrecen información invaluable sobre mi carácter y resiliencia.

Fue un momento notable cuando me di cuenta de cómo reaccionaba de manera diferente en un nuevo entorno en comparación con mi yo del pasado. Por ejemplo, estaba de vacaciones en la víspera de Año Nuevo y conocí a alguien increíble durante el viaje. Fue como una historia de amor. Pero luego, al tercer día, me salió una llaga en el labio. Cabe destacar que no había tenido una en unos seis años, y fue en el momento más inoportuno. Sin hacer ningún drama excesivo, actué rápido, y le pregunté a los amigos que me estaban hospedando si tenían algún remedio para ello. Resulta que tenían el medicamento más potente disponible. Hablando de ser suertudo y de superar a mi entorno. Cualquier otro día, tener una llaga en el labio en este tipo de situación me habría llevado al borde del abismo, pero no esta vez. Aquí es donde pude ver el increíble crecimiento personal que he experimentado. No hubo vergüenza, no hubo pánico, no hubo nada, en realidad. El Método CLB no me impidió pedir ayuda, no está diseñado para eso. De hecho, me hizo ir directo a una fuente útil, y me dieron lo que necesitaba, la crema mágica.

Qué divertido es ver en tiempo real en quién te has convertido a través del Método CLB. Te vuelves más eficiente, estratégico y amable con las cosas que quieres decir. Siempre les digo a mis seres queridos que quiero ser el tipo de ser humano que podría estar nadando en heces de cerdo y al mismo tiempo preguntaría: «¿Quién está usando el Channel No. 5 que huelo?» Eso es superar al entorno.

Participar en el Método CLB cultiva en ti una profunda apreciación por las complejidades de la realidad. Te permitirá reconocer que cada giro y vuelta te está llevando, en última instancia, hacia tu bien mayor.

CAPÍTULO 40

ABRAZA LA AUTENTICIDAD

LA VERDADERA LIBERTAD LLEGA CUANDO SUELTAS LA NECESIDAD DE CONTROLAR CADA RESULTADO Y CONFÍAS EN EL DESARROLLO DEL VIAJE DE LA VIDA.

– CHRIS WILLIAMSON

Como he enfatizado antes, nuestra inclinación innata hacia el control y la supervivencia a menudo nos lleva a manipular y coaccionar a otros para que se ajusten a nuestras expectativas. Sin embargo, con la práctica constante del Método CLB, estas tendencias disminuyen gradualmente, y nos permiten soltar la necesidad de control y abrazar la autenticidad de quienes nos rodean. En lugar de imponer nuestros deseos a los demás, aprendemos a apreciar y a honrar su esencia única, lo que fomenta conexiones más profundas y significativas. Este cambio de perspectiva nos permite experimentar la riqueza total de las relaciones humanas, libres de las limitaciones de la manipulación y la coerción.

Ahora, no estoy diciendo que, si eres padre, no debas disciplinar a tu hijo. Y ya sabes cómo me siento respecto a terminar amistades o relaciones que han llegado a su fin. Pero cuanto más uses el Método CLB, más te darás cuenta de que amas a las personas tal y como son. Verás cómo no tienes ninguna razón para cambiarlas porque son exactamente quienes deben ser.

¿Piensas que esto es una locura? Lo digo en serio. Puedes amar a una persona desde lejos y saber en lo más profundo de tu corazón que están haciendo lo mejor que pueden con las herramientas que tienen. Sabrás que amar a alguien no significa que tengas que hablar con ellos. Tengo muchos amigos hermosos con los que ya no me comunico. Me he dado cuenta de que no hablar con ellos no desdice las hermosas experiencias que tuvimos juntos.

Hace años, tuve un amigo que se quitó la vida. Estaba pasando por una gran depresión debido a su dependencia de las drogas. Me dejó una nota de suicidio donde escribió una de las cosas más simples, pero más profundas que he leído y que siempre recordaré en su honor: «Por favor, recuérdanos por todos los buenos momentos que tuvimos, no por cómo terminó todo».

CREO QUE ESO ES LO QUE SUCEDE EN LA VIDA. TENDEMOS A REMEMORAR CÓMO TERMINÓ UNA AMISTAD POR SU ÚLTIMO CAPÍTULO Y NO TANTO POR LOS BUENOS MOMENTOS.

La única excepción es cuando estamos pensando en volver con un ex; en esa situación, por algún motivo, parecemos olvidamos todas las razones por las que terminó. Y, gracias a Dios, tenemos a nuestros amigos más cercanos para recordárnoslo.

Solía luchar con dejar ir a las personas y alejarlos de mi vida, hasta que comencé a ver lo hermoso que era completar un capítulo. Ahora dejo marinar a mis recuerdos, y me enfoco en lo increíble que fueron esas personas para mí. Pienso en cómo honro sus caminos al respetar que están cuidando de lo que tienen frente a ellos en este momento, aunque no sea yo.

Esa es la cuestión, ¿verdad? En este mundo tridimensional tenemos tiempo limitado para crear nuevas conexiones increíbles y cuidarnos a nosotros mismos. Si no dejamos ir a algunas personas, no estamos creando espacio para que entren personas nuevas y maravillosas.

Qué mundo tan hermoso, lleno de personas, mientras usamos el Método CLB para narrar lo bellas que son. Puede que no sean perfectas para nosotros, pero son perfectas por quienes son en este momento.

El otro día, estaba hablando de un amigo que tiene mucha energía. Me encontré elogiándolo por eso en lugar de decir posibles cosas negativas sobre él. Todo el mundo podría mirar su comportamiento y declararlo poco convencional y equivocado. Pero tú puedes ser quien alabe a alguien por ser como es, en especial si es diferente a ti. ¿Qué tan genial es eso?

Abrazar y celebrar las diferencias en los demás es un aspecto hermoso del crecimiento personal y el trabajo interno. A medida que nos alineamos con el Método CLB, cultivamos un sentido de aceptación y aprecio por las cualidades y peculiaridades únicas de quienes nos rodean. Lo que antes nos irritaba, ahora podría ser percibido como exótico o tan solo dejar de molestarnos. Al liberar la resistencia y el juicio, nos abrimos a conexiones más profundas y relaciones genuinas basadas en el amor y la comprensión.

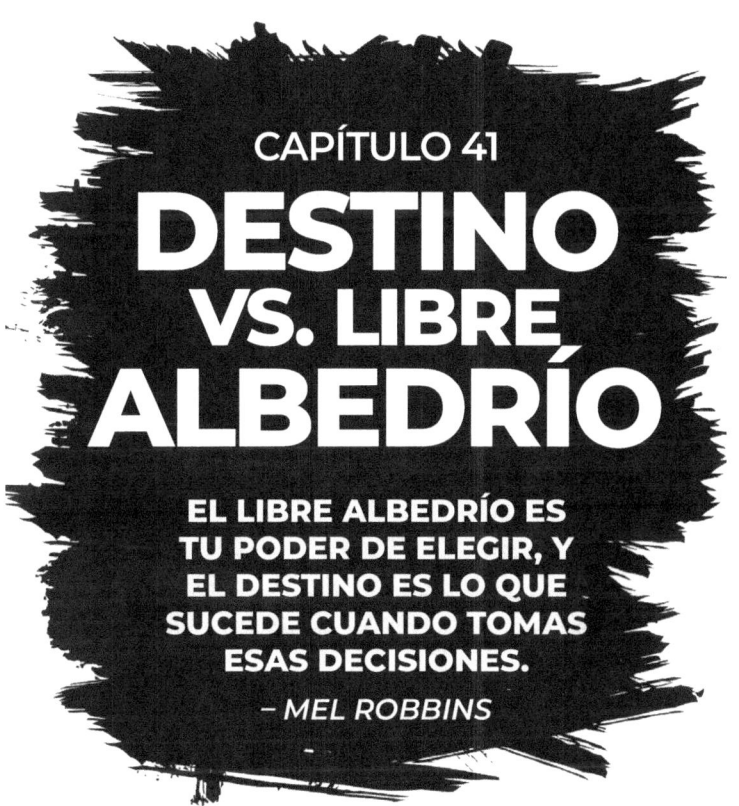

CAPÍTULO 41

DESTINO VS. LIBRE ALBEDRÍO

EL LIBRE ALBEDRÍO ES TU PODER DE ELEGIR, Y EL DESTINO ES LO QUE SUCEDE CUANDO TOMAS ESAS DECISIONES.

– MEL ROBBINS

Desde que empecé a aprender más sobre el campo cuántico, donde todas las posibilidades existen, comencé a entender lo que realmente significa el concepto de «destino» frente al de «libre albedrío». Todo en la vida es un ejemplo o una metáfora de algo más. Me encanta cómo estas últimas existen para explicar todas las partes de la vida, casi como para confirmar que todos somos una especie de simulación.

Si nuestra existencia en esta Tierra es una escuela, tiene sentido que, si te especializas en moda en lugar de arquitectura, tendrás diferentes experiencias y lecciones. ¿Y si nuestras vidas pudieran dividirse en una especie de escuela de destino? Pero, dentro de esa escuela, elegimos qué clases tomar (libre albedrío).

Creo que, en la vida, hay un guion, como el que hace un guionista para un largometraje. Pero luego, al igual que cuando estás filmando una película, puedes cambiar la dirección de la misma. Entonces uno puede observar la realidad y ver que el destino juega un papel. Pero, ¿qué pasaría si la forma en que pensamos sobre la vida pudiera abrir caminos improbables? ¿Qué pasaría si algunos caminos increíbles solo estuvieran disponibles porque usamos el Método CLB? Sé que se necesita algo de disciplina, pero creo que podemos colapsar el destino y el libre albedrío. Puedes acceder a caminos improbables porque rompiste los patrones que te mantenían alejado de ellos.

Una plétora de versiones de ti podrían vivir en el campo cuántico de tus diferentes posibilidades. Y te puedo decir que cuanta más energía pongas en las cosas que deseas, más fácil alcanzarás tus metas. Al mismo tiempo, cómo estás configurado afectará cuánto acceso tienes a diferentes experiencias.

DE HECHO, EL MÉTODO CLB SIRVE COMO UNA HERRAMIENTA PODEROSA PARA RECONFIGURAR NUESTRA PERCEPCIÓN DEL MUNDO Y TRANSFORMAR NUESTRO PAISAJE INTERNO.

A través de este método, interrumpimos los patrones habituales de autoconversación negativa y creencias limitantes, lo cual nos permite crear nuevas vías neuronales que se alineen con la positividad y el empoderamiento. Al cambiar nuestro enfoque hacia la gratitud, la afirmación y la visualización, activamos la capacidad del cerebro para producir químicos que nos hacen sentir bien, fomentando una perspectiva más optimista de la vida. Con la práctica constante, el Método CLB nos empodera para cultivar una realidad llena de alegría, abundancia y satisfacción.

Al decidir ver el mundo como quieres verlo, en lugar de dejar que el destino dicte cómo te afecta el mundo, te unirás con tu intención. Experimentarás la vida que deseas experimentar. Cada «NO» se sentirá como un «SÍ», y cada momento será un baile con lo desconocido que te llevará a una posición de poder. ¡Qué divertido será amar tu vida tal como es y crear la posibilidad de transformación al mismo tiempo!

Imagina experimentar una realidad donde no sientas la necesidad de cambiarla. No estoy loco, lo juro. Así es como la vida se siente para mí muchas veces. A veces pierdo un vuelo de conexión o no obtengo la oportunidad que quería. Pero ahora hay un sistema interior despierto. Aunque no obtenga lo que quiero, mi brújula interna ve que este momento es el correcto para mí, tal y como es. Este momento es el que quiero porque es el que está sucediendo.

Por cierto, no estoy diciendo que no puedas cambiar las cosas. De hecho, podrás hacerlo incluso más rápido si no te resistes al momento. El otro día, viajé por un aeropuerto extranjero y quería ir al salón prioritario. Para no alargar la historia, no tenía mi tarjeta *Priority* (un servicio de salón en el aeropuerto) y necesitaban la fecha de vencimiento de mi membresía, que no tenía. Al principio, noté que estaba muy tranquilo explicando mi punto de vista, pero el agente de boletos no me estaba ayudando. Podía sentir la parte de mí que quería hacerlo sentir mal. Me sugirió que buscara en Internet para encontrar la información que necesitaba. Mientras hacía eso, la página web se quedó atascada. Mi frustración aumentaba, pero tenía conciencia y atención plena mientras esto sucedía. Claro, estaba ejecutando mi programa reactivo, pero podía separarme de él. Definitivamente estaba en mis cabales, aunque me sentía acalorado. Me detuve y supe que necesitaba dejarlo ir. Ahora sé que no debo permitir que esta experiencia me controle.

Procedí a salir de la situación y fui a la zona regular del aeropuerto, que no estaba nada mal. Incluso noté una estación de carga de teléfonos, que era mi mayor preocupación en ese momento. Me di cuenta de que lo dejé ir. Luego, ya calmado, pensé: «¿Por qué no llamo al número de *Priority* e intento hablar con alguien?» Contacté con ellos y conseguí que alguien de su equipo me diera la fecha de vencimiento que me hacía falta y pude entrar al área de prioridad.

Saber que debía soltar la situación me dio la libertad de pensamiento para que se me ocurriera llamar, y así resolver el problema. Me siento muy bendecido ahora que el Método CLB ha tenido un impacto tan grande en mi realidad. Estoy en un estado constante de agradecimiento con todo lo que la vida me lanza. Esto no significa que no tenga momentos reactivos, pero los períodos refractarios (períodos de malestar) son mucho más cortos y conscientes. Lo desconocido siempre nos cuida y nos brinda una oportunidad increíble para mostrarnos como nuestra mejor versión. El Método CLB será tu mayor aliado para reconfigurarte y convertirte en la máquina definitiva que siempre verá el vaso medio lleno.

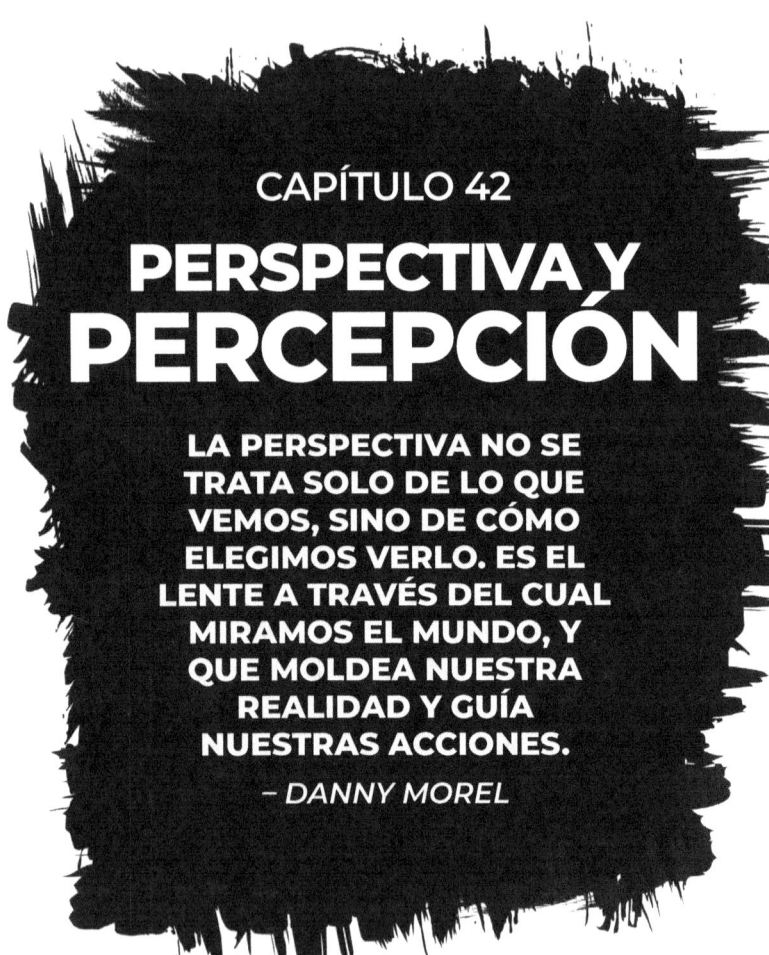

CAPÍTULO 42

PERSPECTIVA Y PERCEPCIÓN

LA PERSPECTIVA NO SE TRATA SOLO DE LO QUE VEMOS, SINO DE CÓMO ELEGIMOS VERLO. ES EL LENTE A TRAVÉS DEL CUAL MIRAMOS EL MUNDO, Y QUE MOLDEA NUESTRA REALIDAD Y GUÍA NUESTRAS ACCIONES.

– DANNY MOREL

Me encantan estas dos «P». En primer lugar, es esencial recordar ambas palabras. Lo que más me gusta es su sutil diferencia y cómo una ayuda a definir a la otra. Nunca podremos salir del juego de la percepción porque vemos todo a través del filtro de nuestras mentes. Al mismo tiempo, saber que examinamos todo a través de nuestra propia percepción nos permite entender que lo que observamos no es la verdad absoluta. Debemos estar conscientes de que todo lo analizamos a través de nuestro particular lente de vida. Esa es la clave.

Cuando hablo de perspectiva, por otro lado, me refiero a cómo podríamos percibir todo desde una vista panorámica. ¿Qué quiero decir con eso? Supongamos que tienes una amiga que no puede evitar enamorarse del hombre equivocado. Piensas que los chicos con los que sale nunca la tomarán en serio, y que se relaciona con ellos por las razones equivocadas. Tal vez crees que no debería salir con alguien basado en lo rico que es. O quizás no estás de acuerdo con la forma obsesiva en la que persigue a los hombres en general. Cualquiera que sea el problema para ti, en este caso, solo puedes ver todo a través de tu percepción, de tu lente.

Supongamos que le preguntas a otra persona su opinión acerca de la vida amorosa de tu amiga. Tal vez ellos no piensen que ella está persiguiendo a los hombres agresivamente. Tal vez piensen que es inteligente por pensar en la seguridad financiera para su futuro cuando se trata de elegir hombres con los que salir. Así es como ellos ven el comportamiento de citas de tu amiga, a través de su lente, de su percepción.

Cuando hablo de perspectiva, me refiero más a la empatía hacia otros seres humanos. Al aplicarla, considero que puedo suspender mi sesgo por un momento y entrar en el mundo de la otra persona.

Estaba en el aeropuerto (sé que muchos de mis momentos espirituales iluminados me suceden en el aeropuerto, ¡lo sé!). Una mujer estaba sentada a unos pocos asientos de mí, teniendo una conversación personal por teléfono (podía escucharlo todo con claridad). Estaba escribiendo y me era difícil concentrarme mientras escuchaba sus historias. Decidí moverme y sentarme en el suelo cercano, donde unos adorables niños pequeños empezaron a pelear. Luego noté que una chica se sentó justo al lado de la mujer, lo que, de alguna manera, obligó a esta a bajar bastante la voz. ¡Punto a favor! Volví a mi asiento y continué escribiendo.

También quería cambiar mi puesto en el avión, así que me levanté y me puse en la fila para hablar con el agente de boletos. Mientras esperaba, la mujer que había estado en el teléfono se adelantó y me dijo: «Solo tengo una pregunta para ella». Al momento, respondí: «Yo también, señora». Se dio cuenta de que me estaba cortando en la fila y me dijo que solo necesitaba saber si estaba en la puerta correcta. Luego notó que estaba en el lugar adecuado y se sentó de nuevo. Me percaté de que ella reconoció que se había puesto delante de mí. Estaba un poco molesto, recordando cómo tuve que maniobrar lejos de su ruidosa conversación telefónica. Recibí una dosis saludable de mi método interno «Cállate La Boca».

Aquí está la perspectiva en esta situación: la mujer que estaba hablando por teléfono no tenía la intención de ser ruidosa. Lo más probable era que estuviera muy concentrada conversando con su amiga. Recuerdo haber hecho lo mismo, y estoy seguro de que la gente a mi alrededor también estaba bastante molesta conmigo. Además, cuando fue a hacerle una pregunta al agente de boletos, estoy seguro de que no pretendía colarse en frente de mí. Tal vez solo pensó que una pregunta súper rápida no importaría mucho.

AL INFUNDIR LA FÓRMULA DE PERSPECTIVA/PERCEPCIÓN EN MI VIDA, PUEDO VER LA PERFECCIÓN EN LAS ACCIONES DE TODOS, INCLUIDAS LAS MÍAS.

Esa mujer hizo lo que hizo, y yo creé todas esas diferentes interpretaciones de sus acciones.

No hay nada de lo que pueda acusar a alguien de hacer que no haya hecho yo mismo alguna vez. Esa es la verdadera conciencia. Quizás no fue en un grado tan alto, pero de alguna manera lo he hecho. El Método CLB te empoderará para cortar los patrones de estos comportamientos, para que te muevas con rapidez hacia experiencias intencionales. Es hora de dejar de ser una víctima de lo que la gente hace y dejar de permitir que tus interpretaciones negativas dicten cómo te sientes. El Método CLB será tu guía definitiva, y antes de que te des cuenta, la vida de tus sueños no podrá ser apagada.

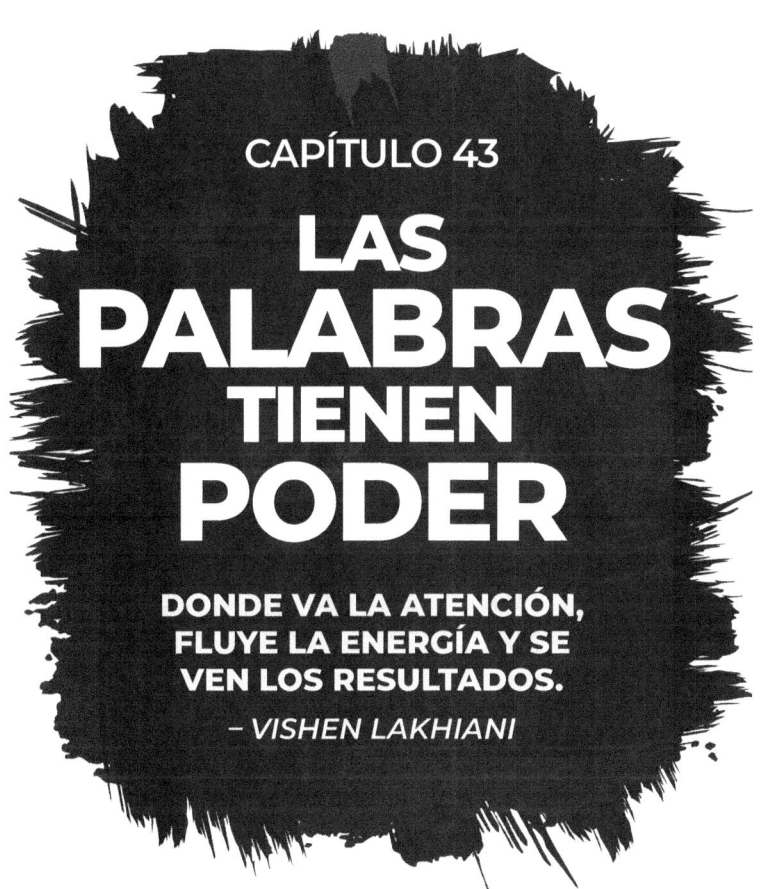

CAPÍTULO 43

LAS PALABRAS TIENEN PODER

DONDE VA LA ATENCIÓN, FLUYE LA ENERGÍA Y SE VEN LOS RESULTADOS.

– VISHEN LAKHIANI

Las palabras tienen un poder inmenso y, como todos hemos experimentado, a veces no podemos retractarlas. Es como si le dijera a alguien que es feo y luego dijera: «Oh, solo estaba bromeando». No funciona de esa manera.

Al mismo tiempo, el poder de las palabras es innegable. En el Método CLB, estas son la clave definitiva para la creación de la vida. Al transformar lo que dices y lo que callas, podrás transformar tu vida desde adentro hacia afuera. Al adoptar el Método CLB, invertimos el proceso de: «Creencia, pensamiento, palabra». Detenemos las palabras, lo que minimizará los pensamientos, y así erradicar las creencias. Lo que decimos sobre las personas y cómo narramos el mundo es un gran conglomerado de hábitos que necesitamos reconfigurar. Pero no te preocupes; todo comienza con un pequeño paso: el Método CLB.

Nuestra existencia es asombrosa y todo el tiempo te pondrá en situaciones donde verás tu poder. La vida es el patio de recreo que llama a tu grandeza a presentarse y tomar el escenario principal. Ahora, tu grandeza no siempre lucirá tan majestuosa, pero siempre hay oportunidades para que se manifieste. Estoy seguro de que te has encontrado en las mismas situaciones muchas veces, y has pensado: «¿Por qué me está sucediendo esto de nuevo?» Es casi como si el destino hubiera preparado un hermoso juego para mostrarnos quiénes somos. El universo nos da todas las oportunidades que necesitamos para representar el mismo escenario, una y otra vez, y tomar una decisión diferente.

Ahora, a la vida en realidad no le importa qué decidas. Solo es el escenario que mantiene el espacio para que actuemos. Nosotros somos los actores en la obra; nosotros dictamos cómo actuamos esa noche.

Cuando hablas de algo y le prestas atención, también le das energía para crecer. Sin embargo, decidir no hablar de las cosas que te molestan no significa que las estés ignorando. De hecho, puedes manejarlas mejor discutiéndolas directamente con la persona involucrada en la situación en lugar de verbalizarlas con todos. No soy un terapeuta o consejero capacitado, pero soy un ser humano muy comunicativo. Sé de primera mano el perjuicio que me he hecho al contar la misma historia traumática una y otra vez a multitud de personas.

TE ESTOY PRESENTANDO UNA SALIDA. UNA QUE TE SOSTENDRÁ CON AMOR Y GRACIA MIENTRAS TE MANTIENE RESPONSABLE A MEDIDA QUE TRANSFORMAS TU VIDA.

El Método CLB será tu mayor aliado para romper tus patrones y de verdad darte lo que quieres. Romperá tu adicción a tus estados emocionales, lo que creará una grieta en la pared de tus creencias. Y, como sabes, una vez que surge la fisura, seguirá creciendo. Confía en ti mismo, confía en el proceso. El Método CLB es la grieta en la pared que has estado esperando. Esta aumentará, dándote pleno acceso a la vida de tus sueños.

CAPÍTULO 44

BUSCANDO VALIDACIÓN

LA VERDADERA PERTENENCIA SOLO OCURRE CUANDO PRESENTAMOS NUESTROS SERES AUTÉNTICOS E IMPERFECTOS AL MUNDO; NUESTRO SENTIDO DE PERTENENCIA NUNCA PUEDE SER MAYOR QUE NUESTRO NIVEL DE AUTOACEPTACIÓN.

– *BRENÉ BROWN*

Nacemos con un deseo innato de querer amor, aprobación y aprecio. Creo que esto es algo con lo que todos los seres humanos venimos cableados desde el primer día. La validación es algo que surge de manera subconsciente en la mayoría de las conversaciones y se intensifica en nuestra cultura. Contamos historias y siempre buscamos acuerdo. Si no lo encontramos, tendemos a sentir un nivel de agotamiento y a considerarnos incompletos.

MIENTRAS TE ACOSTUMBRAS AL MÉTODO CLB, SI TE ENCUENTRAS EN UNA CONVERSACIÓN DONDE ALGUIEN ESTÉ CHISMEANDO O BUSCANDO VALIDACIÓN, QUÉDATE AHÍ Y CÁLLATE LA BOCA.

No añadas a esta. Siéntete libre de cambiar el tema si puedes, y si te ves obligado a decir algo, di: «Te escucho». Está bien que otras personas piensen que estás de acuerdo con ellas, pero en tu interior sabrás que no lo estás.

Con el Método CLB, la necesidad de validación disminuye con el tiempo, lo que lleva a menos situaciones donde esta sea perseguida. Las conversaciones en tu presencia toman un tono más elevado, libres de chismes y negatividad. Tu carisma y encanto seguirán intactos, pero estarán impregnados de una energía lúdica y juvenil. Recordarás a los demás su bondad innata, su capacidad de amar y de ser compasivos. A través de tu ejemplo, inspirarás a las personas a sentir más afecto y conexión entre ellas, todo gracias al poder transformador del Método CLB.

CAPÍTULO 45

SÉ TU PROPIO PUBLICISTA

TUS MAYORES LIMITACIONES SON LAS QUE TE IMPONES A TI MISMO. LIBÉRATE DE LAS FRONTERAS AUTOIMPUESTAS Y OBSERVA CÓMO TU POTENCIAL SE DISPARA.

– CODIE SANCHEZ

He vivido en Los Ángeles durante los últimos veinte años trabajando en la industria del entretenimiento. He llegado a conocer a muchos publicistas. Un publicista, por definición, es alguien encargado de proteger la marca personal de un individuo. Es común que las celebridades recurran a la experiencia de estos para obtener atención mediática y dar forma a la narrativa que desean transmitir a su audiencia. El problema surge cuando, sin darnos cuenta, nos convertimos en nuestros peores publicistas. Cuando socavamos nuestro propio carácter ante los ojos de los demás.

Hace unos días, mientras charlaba con mi amiga María, surgió el tema de nuestro amigo en común, Kevin. Le mencioné que él se había mudado hacía poco tiempo con su novia y parecían estar prosperando juntos. La sorpresa de María fue palpable; no podía creer que Kevin no solo tuviera novia, sino que hubiera dado un paso tan significativo en su relación. Para citar a María, exclamó: «¿Kevin tiene novia? ¿El mismo Kevin que era desafortunado en el amor?»

En ese momento, surgió un recuerdo vívido de Kevin expresando con frecuencia sus luchas para encontrar el amor en Los Ángeles. A menudo nos contaba historias de decepción; se lamentaba de los desafíos de encontrar una pareja compatible y citaba ejemplos de mujeres que lo dejaban plantado. Me di cuenta de que la propia narrativa de Kevin sobre sus infortunios románticos había esculpido la percepción que los demás tenían de él.

Lo intrigante de ese escenario es que la reputación de Kevin respecto a su vida amorosa había sido en su totalidad creada por sus propias palabras. Él había sido el arquitecto de su propia imagen pública, y ventilaba todo el tiempo sus «problemas de chicas», solidificando la imagen que los demás tenían de él.

Ahora, permíteme ser claro: no estoy sugiriendo que finjamos ser algo que no somos. Sin embargo, tampoco necesitamos difundir nuestras desventuras románticas al mundo como si estuviéramos emitiendo un comunicado de prensa.

EN POCAS PALABRAS, NOS VOLVEMOS CONOCIDOS POR LAS COSAS DE LAS QUE NOS QUEJAMOS UNA Y OTRA VEZ.

Entonces, en lugar de crear una imagen pública centrada en lo que preferiríamos evitar, ¿por qué no optar de manera colectiva por un poco más de discreción, como callarse la boca?

Considera este escenario: te encuentras atrapado en un patrón frustrante, como que te cancelen la noche de una cita. Digamos que es la tercera vez consecutiva. Lo último que debes hacer es levantar el teléfono y empezar a lamentarte con tus amigos al respecto. Al hacerlo, solo estás reforzando ese patrón. Recuerda nuestro curso intensivo en física cuántica: tú, como observador, tienes el poder de darle forma a la realidad. Al vocalizar y magnificar un patrón negativo, lo estás arraigando más.

En lugar de expresar tus quejas, intenta replantear la situación. Considera la noción de que el rechazo puede, de hecho, ser protección. Si alguien cancela contigo en el último minuto, tal vez no era la persona adecuada para ti desde el principio. Es una bendición disfrazada, y te evita invertir tiempo y recursos en una cena que quizás hubiera sido muy costosa.

Entiendo que hay momentos en los que sentimos la necesidad de compartir nuestros problemas con los demás, casi como si fuera una adicción emocional. Sin embargo, como he mencionado antes, si de verdad necesitas confiar en alguien, elige a una sola persona de confianza y desahógate. Además, ten en cuenta que liberarte del hábito de quejarte siempre puede parecer difícil al principio, pero se vuelve más fácil con el tiempo.

**CONSIDERA ABRAZAR TU GRANDEZA
INHERENTE. LA PRÓXIMA VEZ QUE
ALGUIEN TE HAGA UN CUMPLIDO
Y SIENTAS UNA PUNZADA DE
INCOMODIDAD, RESISTE LA TENTACIÓN
DE RESTARLE IMPORTANCIA.**

En su lugar, tómate un momento para aceptarlo de buena fe con un simple «gracias». Te sorprenderá lo reconfortante que puede ser tanto para ti como para la persona que te da el cumplido.

Además, deja de empañar tu propio carácter permitiendo que te definan por rasgos o experiencias que preferirías no destacar. Conviértete en tu propio campeón al tomar el control de cómo te presentas al mundo. Sé el arquitecto de tu propia narrativa y conviértete en el mejor publicista para ti mismo.

CAPÍTULO 46

PRACTICA LO QUE PREDICAS

NO SÉ NADA DE TI, ASÍ QUE ADIVINA QUÉ HAGO... ME CALLO LA BOCA.

DAVID GOGGINS

Después de practicar el Método CLB durante tanto tiempo, es difícil no creer ciegamente en su eficacia o pensar que mi manera es la única válida. Lo que quiero decir es que el Método CLB no tiene sentido a menos que seas compasivo y amable contigo mismo y con los demás. Hubo muchas veces en las que me apresuraba a decirle a alguien que se callara cuando se quejaba de su vida. Pero, ¿cómo podía afirmar que «todo era exactamente como debería ser» si yo era incapaz de aceptar a los demás como eran y les decía que se callaran? Bueno, aprendí esto de la manera más difícil, pero efectiva.

El otro día, estaba con uno de mis mejores amigos y nos poníamos al día. Recientemente, él había publicado en las redes sociales que tenía un problema con una figura de autoridad. Le dije que había visto la publicación y quería saber qué había pasado. Dudó un poco, pero terminó contándome. Mientras relataba su historia, me sentí ansioso, y esperaba mi turno para hablar. Cuando acabó, ni siquiera aguardé dos segundos antes de intervenir y decir algo como: «Bueno, ya sabes, este es tu patrón, y necesitas usar el Método CLB».

Digamos que mis «palabras iluminadas» no fueron recibidas como tales. Mi amigo hizo una pausa muy calmada, me miró a los ojos y dijo: «Por eso ya no vengo a ti». Me explicó que no podía contarme las cosas que le pasaban sin sentirse juzgado. Estaba lidiando con una situación traumática y no buscaba ni mi retroalimentación ni mi consejo. Me confesó que quería un lugar seguro para aterrizar y contar su historia, y yo no lo había sido para él en mucho tiempo… *ouch*.

No tengo palabras para expresar el profundo impacto que esto tuvo en mí. Estoy muy agradecido con mi amigo. En algún momento de mi experiencia con el Método CLB, olvidé que lo más grande que podía ser para otros era un refugio. Eso no significa que tenga que convertirme en un terapeuta, pero, más importante aún, tampoco necesito ser «la policía del Cállate La Boca». Leí una vez que ser un buen maestro es saber dónde está el estudiante. Ciertamente no siempre siento que necesito ser un mentor, pero sí que siempre puedo ser un espacio seguro.

No me estoy enfocando en lo que sucedió. Fue una situación impulsada por buenas intenciones. Expresé gratitud por sus palabras perspicaces y reconocí que nuestra conversación serviría como el capítulo final de este libro. Cada experiencia de vida, incluida la anterior, ha contribuido a la creación de esta obra. Mi objetivo es compartir un conjunto de herramientas y anécdotas que han impactado mi vida profundamente. Espero que estas lecciones e historias resuenen contigo y te ayuden en tu propio viaje.

Mi búsqueda de la totalidad será eterna. A medida que avanzo en la vida, noto que ciertas cosas estallan durante diferentes estaciones de mi vida. No hago el trabajo interior para «arreglarme» o para tener todo resuelto cuando suceden cosas malas. Lo hago porque lo amo y porque amo a la gente. Puedo decir con sinceridad que no creo que esté roto o que necesite ser arreglado. Tampoco creo que los demás lo estén. Ver al mundo como una obra terminada es verme a mí de la misma manera, y viceversa.

Mis padres murieron de cáncer. Eso encendió en mí el deseo de cuidar de mi salud y de mi estado emocional, tanto el mío como el de mi hermana. Y después de un tiempo, me di cuenta de que mi deseo se hizo aún más grande. Ahora estoy decidido a cuidar a mi prójimo, a cuidar al rebaño.

Mis padres siguieron el poderoso plan de vuelo de su destino. Fallecieron exactamente donde y cuando debían. Pero no murieron en vano, sino para mostrarnos el regalo de la vida, para ofrecernos la posibilidad de una existencia más pacífica. Para mí, no hay nada de malo en la muerte; de hecho, es la fase más natural de la vida y todos la encontraremos. Pero, mientras esté vivo, elegiré la vida, y optaré constante, consciente e intencionalmente por el amor.

EL AMOR NO SIEMPRE SE MANIFESTARÁ COMO GRATITUD Y/O COMO UNA SONRISA; A VECES, EXIGIRÁ QUE NAVEGUEMOS A TRAVÉS DE LÁGRIMAS Y DE ANGUSTIA, TANTO FÍSICA COMO EMOCIONAL.

Debemos recordar siempre que todos estamos haciendo lo mejor posible en cada momento dado. A veces, nuestro mejor esfuerzo no se verá tan bien. Pero seguirá siendo una manifestación de lo divino y, por tanto, será perfecto.

Recuerda que nuestro mayor dolor es también nuestro mayor maestro. La vida siempre nos ayudará a desarrollar los músculos que necesitamos para obtener lo que vinimos a buscar.

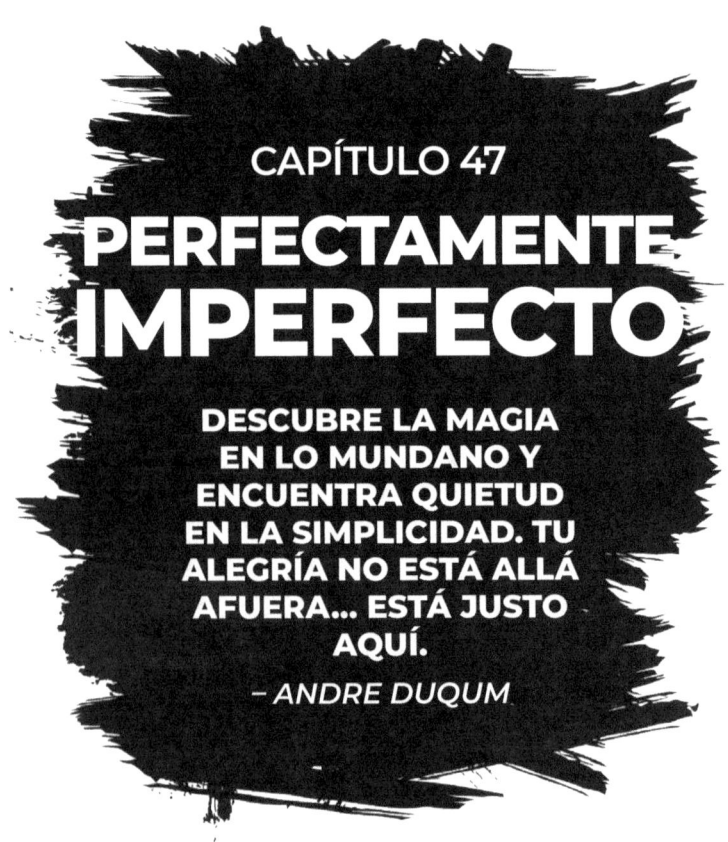

CAPÍTULO 47

PERFECTAMENTE IMPERFECTO

DESCUBRE LA MAGIA EN LO MUNDANO Y ENCUENTRA QUIETUD EN LA SIMPLICIDAD. TU ALEGRÍA NO ESTÁ ALLÁ AFUERA... ESTÁ JUSTO AQUÍ.

– ANDRE DUQUM

Recuerdo vívidamente mis años de adolescencia, una época en la que lidiaba con la eterna pregunta: «¿Estoy en el camino correcto?» Es una inquietud que parece tener la habilidad mística de perseguirnos a lo largo de toda nuestra vida, y sin lugar a dudas, la respuesta es sí.

Ahora, esto no quiere decir que no tengamos deseos y aspiraciones de convertirnos en la mejor versión de nosotros mismos y de liberarnos de los patrones que ya no nos sirven. Es crucial reconocer que aceptar de todo corazón nuestras circunstancias actuales proporciona el terreno fértil para que emprendamos el viaje hacia nuestros destinos deseados.

Aunque pensaba que había escrito el capítulo final de mi libro, este notable viaje ha sido guiado por algunas personas extraordinarias, como mi querida amiga Selina, cuyas profundas percepciones han enriquecido el tapiz de mi narrativa.

Al terminar el manuscrito, Selina me ofreció con amabilidad sus comentarios, y expresó un sentimiento que resonó con profundidad en mí. Ella sentía que faltaba algo, algo vital para unir todo el libro. Comparó el final que yo había elegido con uno al estilo de Scooby-Doo: un intento apresurado de atar cabos sueltos que deja una sensación de vacío.

Selina posee una dedicación ferviente a adherirse a las reglas de cualquier método. Sin embargo, se encontró luchando con uno de los mandamientos del Método CLB: el de confiar en solo una persona sobre tus problemas.

LA VERDAD ES QUE EL MÉTODO CLB ES SOLO UNA SUGERENCIA, UNA GUÍA QUE HA SIDO EFECTIVA PARA MÍ PERO QUE PUEDE NO AJUSTARSE NECESARIAMENTE A LAS CIRCUNSTANCIAS DE TODOS.

Es esencial permitirte cierta flexibilidad a lo largo del proceso y no volverte demasiado rígido con la terminología del método. Si te sientes inspirado a seguir cualquiera de las pautas, recuerda que no tienen que ejecutarse al pie de la letra.

Por ejemplo, si eres consciente de limitar el número de personas a las que confías tus problemas, incluso si es solo un puñado, eso es un logro significativo. Y, si terminas confiando en algunas más, también está bien. Quizás, sin la guía del libro, habrías compartido tus problemas con una multitud de personas, y te hubieras presentado sin intención como la víctima suprema de tu propia vida. Pero ahora has tomado la decisión consciente de cambiar esa narrativa.

No puedo enfatizar lo suficiente cuánto creo que cada uno de nosotros está navegando este juego de la vida lo mejor que puede. Es vital priorizar el acto de extender compasión a nosotros mismos. Todos estamos haciendo lo mejor que podemos en cada momento.

La humanidad tiene una forma notable de presentarse de manera incondicional. Es decir, lo que ves es lo que obtienes. A veces somos más frágiles y otras somos más fuertes. Pero lo que en realidad importa es que todos estamos aquí. Estamos coexistiendo en este momento perfecto en el tiempo. Puede que no todos seamos amigos o incluso que no hagamos esfuerzos para alinear nuestras vibraciones, pero creo que le debemos al planeta abrazar nuestras diferencias y «estar de acuerdo en estar en desacuerdo».

Mientras nos preparamos para concluir juntos nuestro viaje, te dejo con esto: todos somos... imperfectamente perfectos. La única medida de perfección que de verdad importa es el reflejo que te devuelve el espejo, tanto por dentro como por fuera, tal y como es. Cuanto antes abraces tu perfecta imperfección, antes la reconocerás en los demás.

Ahora, no te confundas. En la misma medida en que te recordaré tu imperfección perfecta, y te amaré por ella, también te daré un suave empujón, con unicornios y azúcar encima, para que por siempre y para siempre... TE CALLES LA BOCA.

AGRADECIMIENTOS

Escribir este libro ha sido un viaje de autodescubrimiento, amor y crecimiento, y estoy profundamente agradecido con todos los que me han apoyado en el camino.

Primero y ante todo, me gustaría expresarle mi agradecimiento a mi hermana Vanessa Pérez por ser mi mejor amiga. Ella es mi ideal de lo que un ser humano perfecto debería ser. Estoy tan feliz de que hayas sido mi cómplice mientras ayudábamos a nuestros padres a hacer la transición al cielo.

Estoy en deuda con mi familia, amigos y colegas que proporcionaron comentarios invaluables, inspiración y aliento. Sus ideas y apoyo han sido fundamentales para dar forma a este libro y a mi vida.

Quiero extender mi más sincero agradecimiento a Alex Abreu, Happy Ali, Beatriz Álvarez, Tamara Bakir, Lance Bass, Gabby Bernstein, Lauren Bryant, Steve Buck, Erica Cornwall, Gerry Conedy, Mauricio Cruz, Dayana Dávila, Maytee Davis, Jamil Damji, Lisa Duncan, Adilia Escamarone, Dora Elizalde, Barry Funkmaster, Francia Fusik, Tarek El Moussa, Brittny Gastineau, Silvio Horta, Natividad Houxwell, JR Invina, Chad Kolarcik, Yadira León, Carolina Levy, Nelu Levy, Paola London, Diana Madison, Lynn Martinez,

Maria F. Martinez, Heather McDonald, Krystal Méndez, Massiel Miranda, Stuart O'Keeffe, Paola Paulin, Carlos Pérez, Carlos Pérez Sr, Hortensia Pérez, José Pérez, Juan Pérez, Juan Pérez Sr, Trina Pérez, Morgan Portman, Josh Reed, Selina Ringel, Tanya Rollery, Kelly Sprague, Rosana Suárez, Bridget Trama, Patricia Velásquez, Agata Zumaeta, Carlos Zumaeta y Pablo Zumaeta por su experiencia y orientación. Su sabiduría y apoyo han sido invaluables para mí.

Un agradecimiento muy especial a mi Hada Madrina del Libro... Nichola. Estoy muy agradecido por tu creencia en mí.

También estoy agradecido con mis increíbles mentores Byron Katie y el Dr. Joe Dispenza, quienes han moldeado mi manera de ver y entender la vida. Su apertura y vulnerabilidad me han inspirado a seguir adelante y a esforzarme por hacer la diferencia.

Finalmente, quiero agradecer a Dios, al universo y a TI, el lector. Siento gratitud por la oportunidad de compartir mi viaje contigo.

Con amor y gratitud,
Jorge

SOBRE AL AUTOR

Jorge Pérez, originario de Caracas, Venezuela. Lleva más de dos décadas de experiencia en el desarrollo personal y la industria del entretenimiento. Ha estudiado personalmente con Byron Katie, Tony Robbins, Abraham Hicks, Marianne Williamson y el Dr. Joe Dispenza. Con una Licenciatura en Ciencias de la Comunicación de Masas de la Universidad Internacional de Florida, Jorge ha hecho contribuciones significativas como autor, agente, productor y conferencista principal. Es el anfitrión del podcast Outliers TV y ha creado un programa de televisión para Bravo. Además, es un cineasta documental galardonado, reconocido por su trabajo impactante sobre la epidemia de personas sin hogar en Los Ángeles. Su libro debut, The Shut the Fu*k Up Method, alcanzó el puesto número 1 en la lista de nuevos lanzamientos de Amazon tras su publicación, lo que marcó un hito significativo en su carrera literaria. Con una pasión por contar historias y un compromiso con marcar la diferencia, Jorge Pérez continúa inspirando e influyendo a través de sus diversos emprendimientos.

¡DETENTE Y RESEÑA ESTE LIBRO!

Tu retroalimentación es increíblemente valiosa. Si disfrutaste este libro, por favor, considera tomarte un momento para dejar una reseña reflexiva en la plataforma donde lo compraste. Tus comentarios pueden guiar a otros lectores y ayudar a que este libro llegue a quienes más se beneficiarán de él. Gracias por tu amabilidad y apoyo.

La primera edición en español de
EL MÉTODO CÁLLATE LA BOCA
fue publicada en 2024